인도네시아
주식 투자로
인생에 한 번은
돈 걱정 없이
살아라

모든 투자자가 저지르는

가장 큰 실수 중 하나가

너무 짧은 시간에 큰돈을 벌려는

충동을 느끼는 것이다.

즉 100배 이상의 수익을

10년에 걸쳐서 얻기보다는

단 1년 내에 벌려는 시도를 한다는 점이다.

– 제시 리버모어

인도네시아
주식 투자로
인생에 한 번은
돈 걱정 없이
살아라

지은이 김재욱
펴낸이 이종록　펴낸곳 스마트비즈니스
스태프 형유라, 장해라
등록번호 제 313-2005-00129호　등록일 2005년 6월 18일
주소 서울시 마포구 성산동 293-1 201호
전화 02-336-1254　팩스 02-336-1257
이메일 smartbiz@sbpub.net
ISBN 979-11-85021-32-4　03320

초판 1쇄 발행　2015년 11월 16일
초판 2쇄 발행　2015년 12월 21일

지금 시작해도 남들보다
10년은 빠르다!

국내 최초
인도네시아 주식 투자
실전 가이드북!

인도네시아
주식 투자로
인생에 한 번은
돈 걱정 없이
살아라

| 김재욱 지음 |

Sb
smart business

남모를 때가 기회다, 10년 빠르게 행동하라!

최근 국내 증시가 지지부진하고 부동산 가격마저 하락세를 보이면서 국내 투자자들의 해외 주식 투자에 대한 관심이 증가하고 있다. 지금까지 해외 주식 투자는 미국, 일본 등이 주류를 이루었다. 하지만 작년 중국의 상하이와 홍콩 주식의 교차 매매가 허용되는 후강퉁 시행으로 큰 변화를 겪었다. 그동안 비공식적인 루트로 혹은 펀드를 통해서만 투자가 가능하던 중국 상하이 증시에 직접 투자가 가능한 길이 열린 것이다. 많은 투자자들이 중국 시장으로 눈을 돌리는 계기가 되었다.

이를 틈타 대부분의 국내 증권사는 중국 투자에 대한 마케팅에 열을 올리고 있다. 글로벌 무대에서 G2로 성장한 중국에 투자하면 무조건 성공한다는 논리다. 이 때문에 후강퉁 시행 이후 거래가 폭등하고 중국 경제 발전에 대한 기대감으로 주가가 큰 폭으로 상승했다. 하지만 지금은 후강퉁 시행 이후 매일 신고가를 경신하며 급등하던 상하이 종합증시가 40% 가까이 폭락한 후 쉽게 회복하지 못하고 있다. 이런 상황에 발 빠르게 대처했던 투자자라면 중국 증시 폭락 이전에 짧은 기간 동안 막대한 수익을 남겼을 것이다.

하지만 일반인 투자자들은 이러한 상황에 대응하기가 쉽지 않기 때문에 중국 증시에 투자했다가 손해를 본 분이 많을 것이다.

필자는 후강퉁 시행을 호재라기보다 단기 이벤트로 대응했다. 일반 투자자들이 너도나도 묻지 마 투자를 시작하면 그 시장은 이미 위험하다는 신호이기 때문이다.

따라서 후강퉁 시행 이후 신고가를 경신할 때마다 주식을 모두 매도하고 지금은 중국 주식 투자에 신중을 기하고 있다. 중국은 이제 너무 많은 전문가가 있고 투자자 또한 많다. 심지어 중국 증시에 데이트레이딩초단타 매매까지 성행한다고 하니 시장의 위험성은 당연히 높을 수밖에 없다.

이러한 투자는 성과가 높지 않을 것이라고 단언할 수 있다. 워런 버핏은 '잘 아는 종목 외에는 투자하지 않는 원칙'을 고수해 지금과 같은 부와 명예를 쌓았다. 필자 또한 워런 버핏과 같이 장기 가치 투자를 선호하는 투자자로서 "잘 알지 못하는 종목이나 시장에는 투자하지 말자."는 원칙을 고수하고 있다.

한국 증권 시장에 우리에게 익숙한 기업이 상장되어 있다고 해도 이 기업에 투자해서 수익을 내기란 쉽지 않다. 하물며 직접 본 적도 없고, 사용해본 적도 없는, 심지어 공부조차 해보지도 않은 중국의 주식 종목에 투자해서 수익을 내기란 결코 쉽지 않다.

중국뿐만이 아니다. 미국의 구글, 애플이나 일본의 소프트뱅크 등에 투자하여 최근 큰 수익을 얻은 분들 또한 많이 보았다. 하지만 해외의 숨겨진 진주 같은 종목을 발굴해서 높은 수익을 보았다는 투자자는 참으로 드물다.

그 이유는 분명하다. 그 나라에 대해 잘 모르고, 해당 산업에 대해 잘 모르고, 해당 국가의 기업에 대해 잘 모르기 때문이다. 여러 경로를 통해 자료를 수집해서 공부해볼 수는 있으나 그 자료는 한계가 있다. 직접 보고 느낀 것이 아니기 때문에 현실감이 떨어지는 것이 당연하다.

시장은 글로벌 경제 흐름, 환율, 각 국가의 기준금리 등에 복합적으로 영향을 받는다. 내가 투자한 해외 주식의 주가가 오르더라도 환율이 약세를 보여서 손해를 보는 경우도 더러 있다. 결국 시장에 작용하는 모든 요인들을 종합적으로 고려해야 하지만 일반인 투자자들에게는 여간 힘들고 까다로운 일이 아니다.

그럼에도 불구하고 필자는 '해외 주식 투자는 선택이 아닌 필수'라고 생각한다. 우리는 지금 정치, 경제, 문화 등 모든 것이 국제화되어가고 있는 세상에 살고 있다.

중국의 급작스러운 환율 절하나, 미 연준 의장 옐런의 말 한마디에 전 세계 증시가 출렁이고 영향을 받는다. 하지만 평범한 직장을 다니거나 집안일에 바쁜 가정주부인 우리네들에게는 해외 투자는커녕 국내 투자 또한 넘사벽이다.

필자는 이 책을 통해 해외 투자는 참 쉽다는 말을 하고 싶다. 아무것도 몰라도, 전문적인 지식이 없어도, 그 나라에 가본 적이 없어도 투자할 수 있기 때문이다. 그래서 이 책이 누구나 읽고 실전에 바로 쓸 수 있는 해외 주식 투자의 매뉴얼이 되었으면 한다.

'허 참, 방금 전에 모르는 것에는 투자하지 말라며 이게 무슨 궤변인가?'라고 생각할 수 있다. 하지만 여러분은 이미 모든 것을 알고 있다. 이미 체험해보았으며, 벌써 먹어보고, 써보고, 느껴보고, 남들과 의견까지 나누어보았을지도 모른다.

우리가 투자하고자 하는 시장인 신흥 성장 국가는 이미 우리가 경험한 성장 과정을 그대로 밟으며 쫓아오고 있다. 이것은 비단 한국과 신흥국가만의 이야기가 아니다. 미국이 성장한 것과 같이 일본이 성장했고, 이를 보고 대한민국이 그대로 따라 성장했다. 이런 미국, 일본, 한국을 따라잡고자 부단히 노력해온 중국 또한 비슷한 흐름으로 발전해오고 있다. 미국, 일본, 한국, 중국에서 성장해온 종목들을 시간 흐름에 맞추어 투자한다면 직·간접적인 경험을 통해 투자하는 것과 다를 바가 없지 않겠는가?

과거 성공한 투자자들 또한 이런 흐름을 미리 알고 한국의 금융위기를 기회로 삼아 투자하여 큰 수익을 얻었다. 정보화 시대의 빠른 변화 속에서 누구보다 잘 적응해 살고 있는 대한민국 국민으로서 우리라고 못할 게 무엇이겠는가?

지금도 한국 주식 배당금의 절반 이상은 해외 주식 투자자들에게 지급된다. 10년 혹은 20년 후에는 우리가 그 주인공이 되어 있어야 하지 않을까?

이제 전 세계가 중국의 경착륙을 우려하고 있고, 실제 이런 현상들이 곳곳에서 나타나고 있다. 그리고 이에 대한 대안으로 아세안ASEAN, 동남아국가연합이 떠오르고 있다. 향후에 지금의 유럽과 같은 경제 공동체가 만들어질 수도 있는 시장이 바로 아세안이기 때문이다.

그중 단연 맏형 노릇을 하고 있는 인도네시아에 우리는 주목해야 한다. 천연·관광자원이 넘치고, 단일국가 기준 총 인구 수가 세계 4위인데다, 일할 수 있는 젊은 인구가 무수히 많은 나라다.

필자는 인도네시아 현지 증권사에 3년간 근무하면서 배운 경제나 산업에 대해 지금까지도 끊임없이 공부해오고 있다. 이런 경험을 십분 살려 해외 투자, 특히 인도네시아 증권 시장에 대한 투자의 가이드라인을 제시하고자 한다.

주식 투자뿐만 아니라 아직은 우리에게 생소한 인도네시아 경제, 산업에 대해 전반적인 이해를 도울 수 있는 지침서가 되길 바라며 이 책을 집필했다. 이 책은 아래와 같이 총 8개의 장으로 나뉜다.

1장에서는 왜 아시아로 세계의 돈이 몰리고 있는지, 더 나아가 아세안 시장의 관문이라고 할 수 있는 인도네시아 시장에 왜 지금 투자해야 하는지에 대해 고찰해본다.

2장에서는 인도네시아에서 가장 안정적이고 지속적인 성장 수혜를 받을 수 있는 식품 종목에 대해 소개한다. 과거 한국과 일본의 대표 종목 사례를 통해 인도네시아 대표 종목이 어떻게 성장할지 살펴본다.

3장에서는 인도네시아에서 인프라 개발 정책을 통해 가장 먼저 수혜를 입을 통신 산업에 대해 소개한다. 그리고 현지 생활을 통해 느꼈던 통신 산업의 실태와 향후 발전 가능성에 대해 최대한 쉽게 풀어서 설명하고자 했다.

4장에서는 인프라 개발의 꽃이라고 할 수 있는 인도네시아 건설 시장에 대한 전망과 함께 정부의 인프라 투자 계획에 따라 어떤 산업이 더 유망한지 알아보았다. 특히 세계 최대의 도서島嶼 국가에서 가장 중요한 인프라 산업은 어떤 것인지에 대해 집중 탐색한다.

5장에서는 산업의 발전과 함께 성장할 수밖에 없는 금융 산업에 대해 한국과의 차이점이 무엇인지 살펴본다. 뿐만 아니라 이제 초기 단계인 전자상거래 시장과 이슬람 금융 시장의 성장에 따라 어떤 수혜를 받게 될지 알아본다.

6장에서는 인도네시아 인구 구조 및 소득 수준 변화에 따른 제약 산업의 전망을 살펴본다. 글로벌 제약, 헬스케어 시장의 급성장이 예상되는 가운데 인도네시아 제약 시장의 특징과 대표 제약사에 대해 두루 살펴본다.

7장에서는 지지부진한 흐름을 보이고 있는 한국, 일본의 부동산 현황에 대한 간략한 소개와 상대적으로 건실한 성장을 이루고 있는 인도네시아 부동산 시장과의 비교를 진행한다. 특히 필 엔더슨 연구소에서 고안한 '18년 부동산 시계'를 통해 인도네시아 부동산 시장의 현위치와 전망을 파악해본다.

마지막으로 8장에서는 인도네시아 직접 투자를 위한 기본 지식을 소개하고 부록에서는 본문에 담지 못한 유망 종목들을 추가로 소개한다.

2~7장으로 구성된 본문은 먼저 과거 한국과 일본의 대표 종목 흐름에 대해 소개한다. 그리고 바로 인도네시아 시장에 대한 흐름과 함께 대표 종목 소개 등의 순으로 구성했다. 보고서처럼 무겁고 진지한 내용보다는 현지 경험을 바탕으로 재미있게 소개해 누구나 쉽게 이해할 수 있도록 노력했다.

누구든지 가벼운 마음으로 읽으면서 인도네시아의 경제 및 주식 시장에 대해 이해할 수 있도록 하는 것이 필자의 목표다.

최근 미국 연방준비제도이사회FRB의 금리 인상 가능성 피력으로 글로벌 증시와 환율이 요동치고 불확실성이 증가하고 있다. 인도네시아 증시 또한 마찬가지다. 환율은 40% 이상 상승하고 증시 또한 등락을 거듭하고 있다. 이 때문에 요즘에는 "인도네시아에서도 금융위기가 오는 것 아니냐?" "지금 투자했다가 폭락하면 어떻게 하냐?" 등과 같은 질문을 많이 받는다.

하지만 필자의 의견은 다르다. 거꾸로 생각해보면 환율이 40% 이상 절하된 상황이기 때문에, 차후 반등한다면 40% 이상의 환율 이익을 고스란히 얻을 수 있다. 무엇보다 환율이 안정되면 경기 상황이 안정되기 때문에 주가 또한 상승한다. 따라서 차후에 적게는 수배에서 많게는 수십 배, 수백 배까지 수익을 볼 수 있는 것이다.

금리 인상과 관련해서 지금 인도네시아의 외환 보유고는 1천억 달러 이상으로 위기에 안정적으로 방어할 수 있는 수준을 유지하고 있다. 또한 과거 외환위기를 겪었던 경험을 바탕으로 지속적인 안전관리를 실시 중에 있다. 금리 인상의 실시는 경기가 좋아지고 있다는 증거다. 이후 불확실성이 제거됨에 따라 인도네시아 등 신흥국 경제와 증시는 다시 한 번 달릴 것으로 예상한다. 아마도 지금과 같은 가격에 인도네시아 주식 시장의 우량 종목을 구매할 수 있는 날은 다시 오지 않을 것이다.

집필을 시작하며 곧 책으로 보여드리겠다고 약속드렸으나 그 약속을 지키지 못했다. 지병으로 먼저 돌아가신 어머니께 이 책을 바친다.

왜 **아시아 신흥국**으로
전 세계 돈이 **몰리는가?**

왜 아시아 신흥국으로 전 세계 투자자들이 몰릴까? 왜 한국은 외국인 투자액이 동아시아에서 꼴찌일까?

외국인 직접 투자 Foreign Direct Investment, 외국인이 단순히 국내에서 주식, 채권 등의 자산을 운용하는 것이 아니라 공장을 새로 짓거나 경영 참가를 목적으로 지분을 인수하는 투자를 말한다.

이하 FDI가 한국을 외면한 가장 큰 이유는 비즈니스 비용이 갈수록 늘어나기 때문이다.

한국 근로자의 생산성, 임금 수준, 법인세 등이 외국인 투자자를 유치하기에 별 매력이 없다는 것이다. 그래서 인도네시아, 베트남, 특히 중국으로 외국인 투자자들의 돈이 몰리고 있다.

높은 인건비, 낮은 생산성, 과도한 규제와 같은 경영 환경 탓에 해외 투자자들이 한국이 아닌 아시아의 다른 국가로 발길을 돌리고 있다.

2014년 한국으로 들어온 외국인 직접 투자 규모는 190억 달러로 인도네시아 285.3억 달러에 한참 뒤지고 베트남 202억 달러에도 미치지 못하는 수준이다.

그중에서도 인건비는 투자자들에게 가장 큰 메리트로 작용하는 것 중 하나다. 인건비는 바로 인구 수와 비례한다. 지금 전 세계는 선진국을 중심으로 고령화사회로 접어들고 있다. 한국도 마찬가지다. 고령화로 인한 생산성 악화와 노동 가능 인구의 감소를 우려해야 하는 상황에 이른 것이다.

이에 맞춰 정부에서는 보육비, 교육비 지원 등 각종 지원책과 "하나보다 둘이 좋아요!"라는 캠페인을 통해 인구를 늘리기 위한 정책을 진행 중이지만 별 효력을 발휘하지 못하고 있는 실정이다.

실제로 한국은 요즘 3고고세금, 고물가, 고령화와 3저저금리, 저성장, 저출산 등으로 제 앞가림도 힘든 상황이다. 신생아의 감소는 장기적으로 대한민국 경제에 부메랑으로 돌아와 치명적인 악영향을 미칠 가능성이 높다.

재테크도 마찬가지다. 투자자가 없다면 시장은 죽기 마련이다. 역사적으로 보더라도 인구의 수와 구조에 따라 경제 성장성과 금융 시장의 흐름이 달라졌다. 인구가 많으면 경제활동 인구의 구성 비율도 높고, 경제활동 인구가 많으면 주식 시장에 참여하는 투자 인구도 함께 많아진다.

결국 경제활동에 참여하는 인구가 늘어나는 것이 곧 주식 시장을 상승세로 이끄는 동력이 되는 것이다.

미국 연방준비제도Fed 샌프란시스코 지사의 2011년도 연구에 따르면 베이비붐 세대1946~1964년생의 은퇴에 따라 주식 시장은 조정, 하락세를 보였다. 이후 이들의 자녀 세대인 에코부머 세대1980~1994년생의 은퇴에 따라 다시 한 번 주식 시장은 조정, 하락세를 보일 것으로 예상했다.

또한 이와 같은 베이비붐 시대는 다시 오지 않을 가능성이 높기 때문에 주식 시장 접근은 장기적인 안목으로 신중해야 한다는 결론을 내리고 있다.

물론 이 연구는 미국 투자자들만을 대상으로 한 것이고 향후 외국인

미국 인구 수 VS 미국 주식 시장

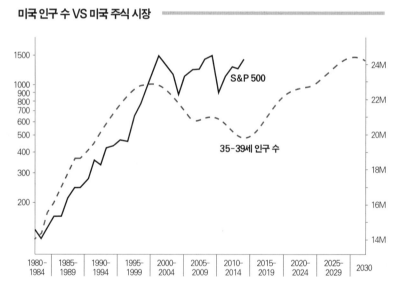

출처 : 미국 상무부산하 센서스국, 블룸버그

투자자의 시장 참여에 따른 시장 변화는 반영하지 않았다. 그러나 연구에서 제시한 주식 시장에 대한 투자 신중론이 맞는다면, 이와 같은 현상이 한국에서도 발생할 수 있는 것이 현실이다.

점선 그래프는 미국의 경제활동이 가장 활발한 35~39세 인구 수의 변화 그래프를 나타내고 있으며, 실선은 미국 S&P 500지수의 변화를 나타내고 있다.

참고로 S&P 500이란 무디스Moody's, 피치Fitch 등과 함께 3대 신용평가기관으로 불리는 미국 스탠더드앤드푸어Standard & Poor 사가 500개 우량 기업의 주식을 선정해 발표하는 주가지수를 말한다. 지수 산정에 포함된 종목 수가 다우지수에 포함된 30개보다 훨씬 많은 500개다. 그래서 다양한 산업 종목을 주가지수에 반영함으로써 좀 더 시장의 움직임을 정확히 반영하는 것으로 평가되고 있다.

그래프에서 보듯이 경제활동이 활발한 인구 수가 증가할수록 미국 S&P 500지수가 증가세를 나타내는 것을 알 수 있다. 인구 수가 주식 시장 변화에 큰 영향을 주는 것을 단적으로 보여주는 예다.

선진국의 노령화로 인한 인구 감소 및 생산성 악화 문제는 신흥국에서는 그야말로 먼 나라의 이야기다. 신흥국들은 오히려 산아제한정책 및 캠페인 등을 통해 인구 조절에 열을 올리고 있기에, 미래의 엄청난 잠재적 경제활동 인구가 분명하게 존재한다.

중국은 인구 조절을 위해 35년간 유지해오던 1자녀 정책을 2015년 말 모든 부부에 2자녀를 허용했다. 앞으로 중국의 인구는 계속 전 세계

1위를 유지할 것으로 보인다. 신흥 성장국의 경제활동 인구가 중산층으로 성장했을 때 주식 시장의 파이는 예상하기 힘들 만큼 커질 것이다. 선진국이 과거 중산층 성장으로 주가지수가 폭등했던 것처럼 아시아 신흥국의 상승세를 쉽게 예상할 수 있다.

그렇다면 "도대체 해외 주식 시장 어디에 투자해야 하는 거야?"라고 반문할 수 있다. 앞에서 언급한 것처럼 지금과 같은 고령화사회에서는 노동력이 세계 경제를 지배하는 지표가 될 것이므로 이를 고려해 투자하면 된다.

아시아의 경우에는 노동 가능 인구가 19억 명을 넘어, 전 세계 32억 명인 노동 가능 인구의 60%를 차지하고 있다. 유럽의 10%와 북미 7%에 비하면 생산성이 압도적으로 높다. 이와 같은 생산성과 성장성을 토대로 아시아는 지금 세계 경제 발전의 원동력이 되고 있다. 이제는 선진국들이 서구의 경제 위기 해결을 위해 아시아에 의지하고 있는 상황이다.

2008년 금융위기와 2011년 유럽위기 때도 전 세계는 아시아의 성장에 의지했다. 금융위기에서 벗어날 방법이 없자, 미국을 중심으로 한 서방 선진국으로 구성된 G7은 아시아 주요국 및 신흥국까지 포함한 G20이라는 새로운 국제기구를 결성하였다. 이런 과정을 거치며 중국을 중심으로 이루어진 브릭스와 신흥 아시아 성장국인 인도네시아 등의 입김은 더욱 강력해졌다.

이 같은 시류에 발맞춰 세계의 투자 자금은 아시아로 대이동하고 있다. 한국에서도 글로벌 투자가 급증하고 있지만, 한국 투자자들의 투자 대상은 중국홍콩, 미국, 일본이 대부분이다 거래액 기준. 한국 투자자들의 아시아 신흥국에 대한 투자는 아직까지 미미하다.

주식 투자의 역사를 보더라도 미국, 일본, 한국 그다음이 될 투자처는 현재 아시아의 용 중국, 인도 등이다. 다만 인도는 해외 일반 투자자의 증권 거래가 불가능하다. 따라서 중국 다음의 투자처는 바로 인도네시아가 될 것이라고 필자는 확신한다.

인구 수에 따라 주식 시장이 변화할 것이라는 가정은 인구 수가 많을수록 내수경기가 뒷받침됨으로써 향후 국가 발전 가능성이 높은 데 있다. 물론 모든 국가에 그대로 적용되는 것은 아니다. 하지만 주식 투자에 있어서 인구 수가 많은 국가의 내수 중심 종목에 투자한다는 것은 투자 안정성이 높다는 의미다.

또 한 가지 덧붙이면 국가 발전 가능성의 척도로 구매력 평가 기준인 GDP국내총생산를 들 수 있다. 구매력 평가 기준 GDP는 국가 간 물가 차이를 감안해 한 국가가 상품을 구매할 수 있는 능력을 산출한 지표를 말한다. 물가가 비싼 국가의 경우 GDP 규모가 크더라도 구매력은 그만큼 떨어진다. 이러한 논리로 인해 최근 몇몇 매체를 통해 한국이 일본의 구매력 평가 기준PPP 국내총생산GDP을 추월할 것이라는 장밋빛 전망이 나오고 있다.

2014년 말 기준 한국과 일본의 구매력 평가 기준 GDP는 각각 32708.11과 35481.11이다. 이 지표를 감안하더라도 이제 1만 정도

인구 수 및 노동 가능 인구 수 비교

(단위 : 십만 명)

국가명	인구 수	노동 가능 인구 수
중국	1,355.6	795.5
인도네시아	253.6	117.4
베트남	93.4	46.4
아시아	4,299.0	1,949.6
미국	318.8	153.6
북미 지역	353.7	172.3
유럽	741.1	312.8
전 세계	7,185.3	3,261.0

출처 : 세계은행, 미국 상무부산하 센서스국, 2013년 말 기준

에 머물러 있는 중국과 그 이하인 인도네시아, 베트남의 성장 가능성
이 3배 이상임을 알 수 있다. 그리고 국가 경제가 성장하면 주식 시장
도 함께 성장하는 것은 당연한 수순이다.

기축통화로 본
'세계 중심 국가의 이동'

    근대 역사에서 패권은 화폐의 힘에 좌지우지되었다. 최초의 기축통화인 그리스 은화 드라크마를 시작으로, 그 시대에 가장 강력한 패권국의 통화가 기축통화 역할을 해왔다.

    1800년대에는 공업화를 통해 가장 먼저 급성장한 영국의 파운드가 100년간 기축통화 지위를 유지했다. 이후 대공황과 2차 세계대전을 거치며 신흥 강국으로 떠오른 미국의 달러를 통해 지금의 달러 기축통화 체제가 유지되고 있다. 이러한 달러 패권시대는 1 · 2차 오일쇼크, 유로화의 도전, 서브프라임 모기지사태 등을 통해 서서히 약화되어 왔다. 최근에는 중국의 위안화, 러시아의 루블화, 심지어 전자화폐 비트코인이 그 대체 수단으로 거론될 만큼 기축통화로서 달러의 기세와 위상이 추락하고 있다.

기축통화의 역사를 보면 1450년 이후 포르투갈 80년, 스페인 110년, 네덜란드 80년, 프랑스 95년, 영국 99년 등 짧으면 80년에서 길어야 110년 동안 기축통화 지위가 유지되었다. 미국 달러의 경우에 올해가 정확히 100년이 되는 해다.

미국은 무분별한 대출 및 금융 상품의 남발로 발생한 서브프라임 모기지사태2007년와 이로 인한 리먼브라더스 파산2008년으로 금융위기가 시작되었다. 이후 미국은 세계 금융위기의 진원지로 지목되며 세계 1강 지위를 급격히 잃어가고 있다.

더군다나 공산주의와 시장 경제를 적절히 접목한 중국이라는 아시아 신강대국이 등장하면서 미국 중심의 경제 구도를 흔들고 있다. 1강에 의해 유지되던 세계 경제 질서가 2008년 금융위기 이후, 그 통제력을 잃어가고 있는 것이다.

크리스틴 라가르드 국제통화기금IMF 총재는 서울대학교 국제대학

세계 기축통화의 역사

시기	기축통화
BC 5세기	그리스 은화 드라크마
BC 1세기	로마제국 금화 아우레우스 로마제국 은화 데나리온
AD 4세기	비잔틴제국 솔리더스
13세기	이탈리아 금화 제노인 이탈리아 금화 플로린
15세기	포르투갈

16세기	스페인
17세기	네덜란드
18세기	프랑스
19세기	영국 파운드
20세기	미국 달러
21세기	달러? 유로화? 위안화?

원 특별강연에서 이렇게 강조했다.

"지금 외국 투자자들에게 물으면 80%는 아시아에 투자를 집중하겠다고 답한다. 19세기가 유럽, 20세기가 미국의 시대였다면 21세기는 바로 아시아가 세상의 중심인 시대다."

이는 중국의 급격한 성장과 이를 바탕으로 느리지만 자신 있게 추진해나가고 있는 위안화의 기축통화화 전략 등을 통해서도 예측해볼 수 있는 대목이다.

필자가 인도네시아, 베트남, 중국 등 신흥국을 직접 다녀보면서 가장 크게 감명받은 것은 바로 그들의 역동성이다. 이미 고령화 단계에 접어들어 복지를 걱정해야 하는 선진국에서는 볼 수 없는 생동감이 신흥국에 있었다.

앞서 언급한 각국의 주요 대도시에는 여기저기 빌딩이 들어서고 금융, 상업 지역에는 어디서나 흔하게 외국인들을 볼 수 있었다. 이와 같은 개발 붐에 힘입어 실제 필자의 주변에서도 현지 부동산 투자를 통해 5년간 200~300%가 넘는 수익을 거둔 분들을 쉽게 찾아볼 수 있었다. 3년간 지지부진한 가격 변동에 그냥 팔아 버릴까 했지만 그 유혹을 뿌리치고 견딘 결과, 그후 2년간 3배나 급등했다는 것이다. 아마 2년 전 팔았으면 땅을 치고 후회했을 것이다.

필자는 인도네시아에 아직 상장되지 않은 우량 회사의 상장 전 청약에 참여해 상장 후 판매하는 방법을 통해 지속적으로 투자하고 있다. 또한 약 1달 정도의 초단기 투자로 50~100%에 육박하는 수익을 거두는 투자 방법을 꾸준히 시행해오고 있다.

이와 같은 수익률은 사실 한국에서는 기대하기 어렵다. 최근 한국에서도 제일모직 등이 비상장 주식을 상장시킨 후에 연일 신고가를 경신하는 사례가 있다. 하지만 이와 같은 정보는 일반인들이 사전에 접하기 쉽지 않고, 우량 비상장 종목은 거래하기가 쉽지 않으며, 실제 상장 전 청약 시에도 배당을 많이 받기가 쉽지 않다는 것이 문제다. 이런 청약이나 비상장 종목의 거래 또한 신흥국에서는 좀 더 접근이 쉽다는 점이 바로 해외 투자의 매력이다.

산업화, 인프라 개발 등을 통해 불황에도 연평균 5% 이상 고성장을 구가하고 있는 인도네시아, 베트남이 있고 산업화를 지나 세계 2강에서 1강으로 나아가고자 하는 중국이 있다. 이들의 성장은 한국의 1980~1990년대와 많은 점이 유사하다. 그간 서구에서 한국, 브릭스 등 신흥 성장국을 보면서 느꼈던 바와 정확히 일치한다.

우리나라 산업만 예를 들면 60년대 경공업, 70년대 중화학공업, 80

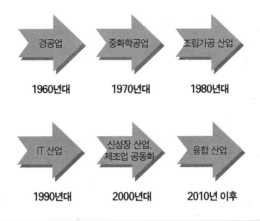

년대 조립가공 산업을 집중적으로 육성하면서 적은 수의 인구를 극복하기 위해 수출 중심의 국가로 변모하게 된다. 90년대에 들어서는 거세게 불어닥친 IT 열풍으로 수많은 IT 기업이 생겨나며 버블을 일으키기도 했다. 한국의 증권 시장 또한 산업 성장에 따라 함께 성장했다.

70~80년대 수출 경제로 급속한 경제 성장을 이룩하며 마이카 붐이 일자 관련 산업이 그 수혜를 받았다. 90년대 들어서는 그동안 축적해온 부를 통한 삶의 질 향상에 대한 국민들의 욕구가 높아지자 제약, 보험 등 건강과 개인의 삶의 질 향상과 관련된 산업과 종목이 큰 반향을 일으켰다.

2000년대 들어서는 90년대의 버블을 이겨내고 살아남은 IT 기업들이 한국 증권 시장을 이끌며 소위 말하는 대박을 기록했다. 한편 이러한 흐름에 상관없이 식품, 생활소비재 관련된 업종들은 꾸준한 시장

한국과 일본의 구매력 기준(PPP) 1인당 GDP 변화

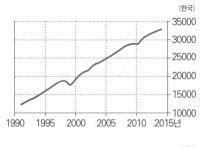

(한국)

1990 1995 2000 2005 2010 2015년

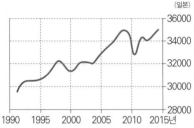

(일본)

1990 1995 2000 2005 2010 2015년

참조 : 세계은행, IMF(국제통화기금)

※구매력 기준 1인당 GDP는 '환율이 양국 통화의 구매력에 의하여 결정된다'는 이론으로 일물일가(一物一價)의 법칙이 성립함을 가정하고 있다. 그래서 구매력 기준 소득은 환율은 물론 물가까지 전 세계가 같다는 조건에서 상품을 구매할 수 있는 능력을 의미한다. 그 나라의 물가를 세계 평균적인 물가로 치환해서 GDP를 계산하는 방식이다.

수익률을 보이며 성장해왔다.

1980년 우리나라의 구매력 기준 1인당 GDP는 1,800달러로 일본의 $\frac{1}{5}$에 불과했다. 위 그래프를 보면 1980년대 이후 급속한 성장을 이루어내면서 1990년대에는 1만 달러를 돌파하였고 2015년 현재 3만 4천 달러에 육박하고 있다. 성장이 가속화되면서 임금의 상향평준화로 중산층이 급속도로 증가한 것이다. 불과 10년 만에 구매력 기준 1인당 GDP가 5배 이상 성장했다.

그렇다면 아래의 일본을 살펴보자. 1990년대에 일찌감치 3만 달러를 돌파했지만 이후 20년간 지지부진한 모습을 보이며 2015년 현재 구매력 기준 1인당 GDP는 3만 5천 달러 수준을 유지하고 있다. 일본의 경우는 제자리걸음을 면치 못하고 있다. 왜 그런 것일까?

　한 나라의 경제 성장이라는 것이 매년 성장하면 좋겠지만 이미 개발이 완료된 선진국이나 인프라가 어느 정도 구축된 중진국은 지속적인 성장이 쉽지 않다. 전교 꼴등이 중간쯤 가는 것은 조금만 노력하면 되지만 전교 1등은 그 자리를 놓치지 않기 위해 피나는 노력을 해야 하는 것이다. 1등을 유지하는 것뿐만 아니라 해당 시장을 선도할 수 있도록 지속적인 R&D를 통해 신기술을 개발해야 하고 새로운 먹을거리를 끊임없이 찾아내야 하는 어려움이 있는 것이다.

　한국 또한 마찬가지다. 한국은 이미 정보통신, 조선, 철강, 자동차 등 다양한 분야에서 글로벌 1위 혹은 상위권을 차지하고 있다.

　이러한 현상은 비단 한국이나 일본에서 뿐만 아니라 최근 중국에서도 발견된다. 중국은 2014년까지 지난 35년간 연평균 성장률 9%에 육박하는 폭발적인 성장을 이루어 왔다. 그러나 이제는 7% 성장도 어렵다는 전망이 여기저기서 들려오고 있는 상황이다.

　이를 실감할 수 있도록 쉽게 풀어 보면 올해 1,000명에게 판 휴대폰 제조업자가 내년에는 1,090명에게 팔아야 9%가 성장하는 것이다. 한편 올해 이미 1억 명에게 판 휴대폰 제조업자라면 내년에 1억 900만 명에게 팔아야 9%가 성장하는 것이다. 90명과 900만 명은 엄청난 차이다. 한 나라의 경제가 선진국에 다가설수록 지속 성장하는 것이 결코 쉬운 일이 아니다.

위와 같은 흐름은 한국, 일본, 중국뿐만 아니라 먼저 성장한 미국과 유럽 등 선진국에서 밟아 왔던 과정이다. 국가별 특성에 따라 조금씩 차이는 있겠지만 향후 신흥 성장 국가에도 그대로 반복될 것으로 보인다.

그렇다면 이제야 1만 6천 달러 정도의 구매력 기준 1인당 GDP를 보이고 있는 인도네시아는 어떠한 흐름을 보일 것인가?

이미 언급했지만 인도네시아는 지금 폭발적인 성장이 진행 중이다. 이제 우리는 과거 선진국 투자자들이 먼저 구사했던 전략을 따라, 이제 갓 성장해가는 신흥국에 그대로 적용하기만 하면 된다.

정말 쉽지 않은가?

일본, 한국, 중국
그다음은 **인도네시아**다

　세계적인 투자가로 유명한 로저스홀딩스의 짐 로저스 회장은 2007
년부터 싱가포르에 정착해 살고 있다. 당시 그는 "당신이 똑똑한 사람
이라면 1807년에는 런던으로, 1907년에는 뉴욕으로 이동했을 것이
다. 이제 2007년에는 아시아로 움직여야 한다."라고 단언했다. 또한
그는 "빚은 유럽과 미국 등 선진국에 있고 자산은 아시아에 있다."며
아시아로 더 많은 돈이 몰려들 것이라고 진단했다.

　과연 짐 로저스 회장의 말은 현실이 되었을까?

　보스턴컨설팅그룹BCG의 2014년 'Global Wealth' 보고서에 의하면
아시아 · 태평양 지역의 개인 금융자산 증가세가 폭발적으로 늘어날
거라 예상하고 있다. 2014년에는 서유럽을 넘고, 2018년에는 북미 지
역을 제치고 세계에서 가장 부유한 지역이 될 것으로 보고하고 있다.

그렇다면 어떻게 아시아・태평양 지역의 개인 금융자산이 이렇게 급격히 증가할 수 있었던 것일까?

전 세계 자산 증가율

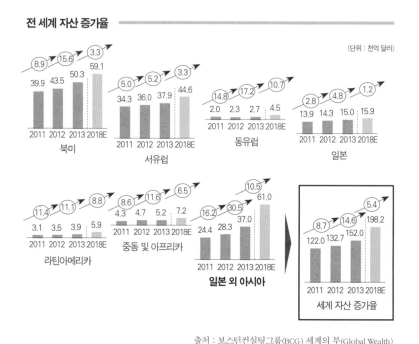

출처 : 보스턴컨설팅그룹(BCG) 세계의 부(Global Wealth)

해답은 단순하다. 전 세계의 글로벌 회사들과 투자자들이 아시아・태평양 지역으로 몰려오고 있기 때문이다. 한마디로 "돈이 모이고 있다."

위 그래프는 보스턴컨설팅그룹에서 2014년 초에 발표한 세계 부의 변화를 나타내는 보고서다. 주목해야 할 부분은 2014년부터 2018년까지 자산의 지역별 평균 예상 상승률인데 미국과 서부 유럽은 3.3%에 불과한 반면 일본을 제외한 아시아, 동부 유럽은 10% 넘는 상승률을 보이고 있다. 향후 글로벌 성장률 변화의 가장 큰 비중을 차지할 것이다.

2018년 일본을 제외한 아시아의 개인자산 규모 예측치는 61조 달러로 북미의 59조 달러와 서부 유럽의 44조 달러를 훌쩍 뛰어넘을 것으로 예상하고 있다. 이는 전 세계 개인자산 규모 예측치인 198조 달러의 약 31%에 육박하는 규모다.

2008년과 2011년 글로벌 금융위기 이후에도 개인 금융자산 규모가 100만 달러약 10억 원가 넘는 백만장자 가구 수는 계속 증가해왔다. 그중 미국의 백만장자가 2013년 말을 기준으로 713만 5,000여 가구다. 이 수치는 전 세계 백만장자 인구의 43%를 차지하는 것으로 단일국가 중 가장 많은 백만장자 수를 나타냈다. 그리고 두 번째로 많은 국가가 바로 중국이다. 총 237만 8,000여 가구로 증가율이 전년 동기 대비 60%에 육박했다.

아이러니한 것은 2011년 유럽위기를 겪으며 중국의 경착륙과 부동산 거품 등으로 중국 경제 성장을 회의적으로 보는 가운데에서도 백만장자 수가 급격한 증가세를 보였다는 사실이다. 지금까지 소품종 대량생산을 통한 수출 중심의 경제 성장을 해온 중국이 이제는 내수 중심의 경제 성장을 표방하고 있다.

중국의 경착륙에 대한 우려가 여기저기서 쏟아지고 있지만 이는 자국 경제 성장이 악화될 것을 우려한 글로벌 국가들의 기우일 뿐이다. 중국은 인구가 13억 명이 넘기 때문에 내수로도 충분히 성장이 가능하다.

또한 현재 미국 국채 보유국 1위가 중국이다. 세계에서 가장 많은 백만장자가 존재하는 미국 국채를 1조 2,709억 달러 어치나 보유하고 있다. 이는 미국은 채무자, 중국은 채권자와 같다고도 할 수 있다. 현재 중국은 돈을 무기로 미국의 패권을 쥐고 흔들 수 있는 강력한 국가다.

뿐만 아니다. 중국은 4조 달러에 육박하는 외환보유고를 바탕으로 브릭스BRICS 5개국의 금융과 인프라 건설 지원을 위한 브릭스 신개발은행NDB, New Development Bank을 올해 7월 중국 상하이에서 정식 출범했다. 아시아인프라투자은행AIIB에 이어 중국의 주도로 출범하는 두 번째 국제 금융기구다. 이는 미국 주도의 세계은행WB, 국제부흥개발은행과 IMF에 대응하기 위한 조치다. 여기서는 신흥국 인프라 투자 지원과 달러화의 급격한 변동으로 인한 위기 대응자금 운영 등이 이루어질 예정이다.

현재 중국은 한국의 1990~2000년대와 유사한 흐름을 보이고 있다. 알리바바, 바이두, 텐센트 등 각종 IT 기업의 위세가 전 세계를 강타하고 있다. 2014년 9월 19일 상장한 알리바바는 시가총액이 페이스북을 넘었고 구글마저 위협할 정도의 위력을 발휘하고 있다. 경제 규모가 큰 국가의 IT 기업이니 스케일이 한국과는 비교할 수 없을 정도로 무시무시하다. 다만 우리는 중국의 현재 모습이 한국의 1990~2000년대와 유사한 흐름을 보이고 있다는 것을 포착하면 그만이다.

현재 중국은 경착륙 우려, 부동산 버블의 붕괴, IT 거품의 붕괴 등 다양한 위기설이 나오고 있다. 바로 일전에 같은 길을 걸어왔던 국가들의 흐름을 중국 또한 반복할 것이라는 예상 때문이다.

하지만 IMF 외환위기가 있었다고 해서 한국이 무너졌는가? 일본이 잃어버린 20년이라는 경제 불황기를 거쳤다고 해서 무너졌는가? 중국 또한 이와 같은 버블이 무너지는 순간, 또 다른 많은 기회가 발생하여 그 어려움들을 극복할 것이다.

여기까지 읽은 독자라면 '세계의 부가 중국으로 이동한다면 당연히 중국에 투자해야지'라고 생각할 것이다. 다만 바둑의 십계명인 위기십결圍棋十訣에 '기자쟁선棄子爭先' 즉 "희생을 감수하더라도 선수를 차지하라."라는 명언이 있다. 미국, 한국, 일본 등을 통해 경험해본 만큼 이제 중국 이후, 그다음 수도 읽어야 하지 않을까?

필자가 2011년 처음 인도네시아에 정착하기로 마음먹고 한국을 떠날 때, 주위의 많은 분들이 이렇게 말했다.

"못 사는 나라에 가서 고생하겠구나."

"인도에 잘 다녀와라."

당시만 해도 인도네시아는 한국에 잘 알려져 있지 않았고 '인도'와 '인도네시아'조차 구분하지 못하는 사람이 많았다. 물론 필자 또한

2009년 요그야카르타족자카르타를 우연히 방문한 경험이 있었는데, 그때 보았던 인도네시아는 주위 사람들의 말대로 '거지들의 나라'였다.

그러나 2011년 인도네시아에 다시 와서 자카르타에 도착하자마자, 나의 이런 편협했던 시각은 바로 무너졌다. 자카르타에 도착하여 떠오른 첫 생각은 '누가 인도네시아를 못 사는 나라라고 한단 말인가?'였다. 인도네시아의 고급택시한국의 모범택시의 차종이 무려 벤츠였다! 시내 어디에서든 볼 수 있는 큰 빌딩 숲과 외국인 비즈니스맨들을 보며 인도네시아행을 결정한 내 판단과 선택이 틀리지 않았음을 느꼈다.

약 3년간 인도네시아 자카르타 생활에서 인도네시아의 경제, 정치, 문화 등 많은 것들을 배웠다. 경험이 쌓여 갈수록 인도네시아는 나에게 새로운 기회로 다가왔다. 한국계 인도네시아 증권사에 근무했던 필자는 이 같은 기회를 놓치지 않기 위해 인도네시아어를 익히고 인도네시아 증권 시장 및 경제 지식을 스펀지처럼 흡수했다.

또한 증권가뿐만 아니라 다양한 직군의 현지 기업 담당자들과의 만남을 통해 인맥 카테고리를 넓혀 갔다. 3년간 눈코 뜰 새 없이 바쁘게 지내며 차츰 한국을 잊어가고 있었다. 인도네시아라는 새로운 세계를 접하면서 한국은 필자에게 그다지 큰 매력이 없는 시장이 되었기 때문이다.

그러던 중 어머니의 췌장암이 재발했다는 청천벽력 같은 소식을 듣게 되었다. 아마 이 일이 아니었다면 지금도 인도네시아에 뼈를 묻겠다는 각오로 현지에서 분투노력하고 있었을 것이다.

무수히 많은 날을 고민한 결과, 한국행을 결정했다. 차마 어머님의 투병 소식을 외면할 수 없었다. '인도네시아는 나에게 제2의 고향이니 다음에 다시 오면 된다'는 생각으로 마음을 달랬다. 이렇게 한국으로 돌아가야겠다는 작정을 하고 바로 실행에 옮긴 일이 '인도네시아 주식 투자 연구회'라는 온라인 커뮤니티를 만든 것이었다.

인도네시아 증권가 경험을 통해 배웠던 지식을 공유하고, 동시에 아세안의 중심이 될 인도네시아를 맞이하기 위한 준비 작업을 시작한 것이다. 이때 오픈했던 온라인 커뮤니티가 2년의 시간을 거쳐 인도네시아 대표 투자 커뮤니티로 성장했다.

특히 최근 들어 이곳을 통해 인도네시아 투자를 문의하는 연락을 많이 받는데, 바로 이 점이 필자가 몸소 느끼는 큰 변화다. 2000년대 초반부터 현대와 롯데 등 대기업들은 이미 진출을 시작했고, 2010년도 이후에는 중소·중견 기업의 진출이 줄을 이었다. 지금도 인도네시아 진출을 계획하고 있는 다양한 산업 분야의 제품들을 컨설팅해주는 일이 계속 증가하고 있다.

여기에 더하여 개인 투자자의 문의 및 상담이 급증하고 있다. 발 빠르고 돈 냄새 잘 맡는 사람들은 이미 움직이고 있는 것이다.

왜 지금
인도네시아인가?

　한국 경제는 1990년대 6.6%의 성장률을 구가하며 급성장했다. 1998년 IMF 외환위기로 위기를 겪긴 했지만 금 모으기 운동 등을 통해 세계를 깜짝 놀라게 하며 보란 듯이 재기에 성공했다. 이렇게 열정적인 국민성으로 이룩한 경제 성장 덕분에 인도네시아, 베트남, 중국 등의 신흥국에서는 한국 배우기 열풍이 불기도 했다.

　하지만 한국의 이 같은 경제 성장은 내·외부적 요인 때문에 더 이상 지속되지 못하고 있다. 2000년대 들어 5%대로 꺾인 한국의 경제 성장률은 2008년 리먼브라더스발 금융위기, 2011년 유럽발 금융위기 등을 겪으며 한국의 수출주도형 경제 구조의 문제점을 그대로 드러냈다. 뿐만 아니라 인구 5,000만 명이라는 작은 시장의 한계와 경기 불황으로 인한 내수 침체로 경제 성장률은 급격히 악화되었다.

현재 대한민국은 일본처럼 장기 불황에 빠질 수도 있다는 위기감이 팽배해있다. 이런 장기 침체 현상은 미국의 대공황과 일본의 잃어버린 20년 등 선진국에서 이미 겪었던 과정이다.

이러한 과정에서 남들보다 발 빠른 기업이나 개인은 해외 투자를 통해 내수경기 침체와는 무관하게 부를 축적했다. 내적인 위험에 대응하는 한편 시장을 넓게 보고 글로벌 시장으로 시선을 돌려 더 많은 기회를 잡은 것이다.

현재는 한국의 대기업뿐만 아니라 중견·중소 기업들도 해외 진출에 박차를 가하고 있다. 인구 5,000만 한국 시장에서의 성장 한계를 돌파하고, 글로벌 시장으로 나가 더 많은 기회를 창출하기 위해서다.

한국의 기업들이 글로벌 시장으로 눈을 돌리듯이 이제 한국의 개인 투자자들도 과거에 선진국 투자자들이 선택했던 것처럼 해외 주식 시장을 기회로 삼아야 한다.

그렇다면 어떤 시장을 선택해야 할까?

이에 대한 해답으로 이 책에서는 인도네시아 시장을 제시한다. 인도네시아는 현재 연평균 성장률 5~7%를 구가하며 한국의 80~90년대와 같은 성장성을 보여주고 있다. 한국의 증시가 경제 성장과 함께 발맞추어 성장한 것처럼 인도네시아의 경제와 증시도 유사한 흐름을 보일 것이다.

중국 시장은 어떨까?

중국은 이미 10%를 넘는 경제 성장률을 보이며 아시아의 용으로 성장했다. 현재 중국의 발전 단계는 한국의 2000년대 초반의 모습을 보이고 있다. 더구나 우주항공 기술, 기초과학 등의 분야는 이미 한국의 발전 단계보다 앞선다. 또한 글로벌 시장에서 중국의 지위는 이미 미국에 대적할 유일무이한 국가로 평가되고 있다. 중국 전문가는 넘쳐나고 거기에서 개인투자자들이 수익을 얻기란 쉽지 않다.

현재 인도네시아는 인도, 중국 다음으로 인구가 많아 성장 잠재력이 가장 높다. 또한 중국 시장은 이미 많이 알려져 있고 거품론이 팽배해 있는 상태다. 더군다나 인도 주식 시장은 일반인이 투자할 수 없도록 폐쇄되어 있는 상황이다.

지난 10년간 한국, 일본, 중국, 인도네시아 GDP 성장률 비교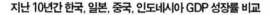

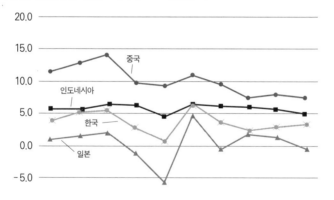

	2005	2006	2007	2008	2009	2010	2011	2012	2013	2014
중국	11.4	12.7	14.2	9.6	9.2	10.6	9.5	7.8	7.7	7.4
인도네시아	5.7	5.5	6.3	6.0	4.6	6.2	6.2	6.0	5.6	5.0
일본	1.3	1.7	2.2	- 1.0	- 5.5	4.7	- 0.5	1.8	1.6	- 0.1
한국	3.9	5.2	5.5	2.8	0.7	6.5	3.7	2.3	2.9	3.3

출처 : 세계은행

특히 인도네시아 경우 금융위기 속에서도 높은 성장성을 보이며 꾸준히 발전하고 있다. 이는 한국이 IMF 외환위기를 극복하며 빠르게 성장한 것과 정확히 같은 움직임이다. 이렇게 빠른 경제 성장과 함께 인도네시아의 종합주가지수 또한 연일 최고치를 경신하며 지속적으로 상승하고 있다.

아시아 주요 국가의 지난 10년간 연평균 GDP 성장률을 비교한 그래프를 보자. 인도네시아의 GDP는 유럽위기를 시발점으로 한 글로벌 금융위기의 영향을 받았던 2009년을 제외하면 매년 5~6%의 평균 성장률을 보이고 있다.

그동안 세계 경제의 성장 엔진이었던 중국은 2010년 이후 지속적인 하락세를 보이고 있으며, 올해 성장률은 7% 이하로 내려갈 것이라는 전망이 우세하다. 한국은 2010년 이후 2~3%대의 저성장을 지속하

인도네시아 주가지수 변화

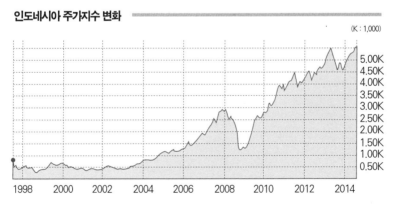

(K : 1,000)

출처 : 야후 파이낸스

고 있으며, 일본 또한 마이너스 성장에서 허덕이고 있다.

인도네시아는 현재 한국의 80년대 조립가공 산업 시대의 모습을 그대로 닮아가며 높은 성장률을 구가하고 있다. 자 그럼 한번 생각해보자. 한국의 80~90년대 주식 시장은 어떠했는가? 그때 삼성전자, 농심, 남양유업 등에 투자해 지금까지 가지고 있었다면 당신의 인생은 어떻게 변했을까?

2000년대 초까지 지지부진하던 자카르타의 종합주가지수가 2004년부터 상승하기 시작하여 2008년 정점을 찍은 것을 그래프를 통해 확인할 수 있다. 그리고 2008년 발생한 금융위기로 자카르타 증시는 약 53% 급락했다. 이후 꾸준한 회복세를 보이던 종합주가지수는 2011년 유럽위기로 다시 주춤하는 듯 했지만 2008년의 학습 효과로 금세 5,000대를 회복했다.

현재 자카르타 종합주가지수는 1998년 말 이후부터 현재까지 단순 상승률만 613%이다. 이 책을 쓰기 시작했을 때 종합주가지수가 5,500선까지 갈 것이라 써두었었는데 이미 출간 전에 5,500포인트 정점을 찍었다. 최근에는 중국발 글로벌 경기 둔화 위기로 4,000포인트까지 하락한 상황이나 걱정할 필요는 없다. 오히려 저렴한 가격에 훌륭한 주식을 쓸어 담을 수 있는 기회가 될 수 있기 때문이다. 애석하지만 다른 나라의 위기가 우리에게는 절호의 기회가 된다.

작년 인도네시아 대선에서 민간 출신 조코 위도도가 대통령으로 당선되었다. 인도네시아 최초의 문민정부 탄생에 대한 시장의 기대감은 한껏 높아져 있다. 실제 한국은 1993년 최초의 문민정부 출범 이후 높은 경제 성장률을 보였으며 주가도 함께 폭등했다. 이처럼 문민정부의 탄생과 이에 따르는 각종 개혁 정책들로 인도네시아 경제의 투명성과 안정성이 높아질 것이라고 내·외부 전문가들은 진단하고 있다.

한국 KOSPI의 경우 1998년 이후 급등하기는 했지만 종합주가지수 상승률이 184%밖에 되지 않는다. 인도네시아 증시에 비하면 턱없이 낮은 수준이다.

혹여 '인도네시아 종합지수 상승률이 613%라니, 너무 많이 오른 것 아닌가?'라는 의심을 할 수도 있다. 이에 한 가지를 더 고려해보면 한국은 2014년 7월 말 기준 2,112개의 종목이 상장되어 있고 인도네시아의 경우는 502개가 상장되어 있다. 향후 상장될 종목을 단순하게 숫자로만 따져 봐도 인도네시아 주식 시장은 아직 4배나 더 성장할

한국 코스피지수

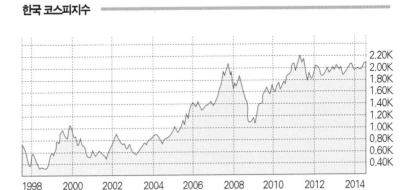

출처 : 야후 파이낸스

가능성이 있다.

또한 인도네시아 현지에서는 증권 시장 참여 유도를 위해 증권과 관련된 각종 정책들이 시행되고 있는 상황이다. 따라서 미래의 인도네시아 주식 시장은 매우 긍정적이다.

인도네시아 주식 투자,
지금 **시작해도 10년**은 **앞선다!**

　인도네시아를 경험한 사람이라면 누구나 한 번쯤 들어봤을 법한 말
이 바로 "인도네시아에 한 번 가면 적어도 세 번은 더 가게 되는 매력
에 빠진다."는 말이다. 필자 또한 인도네시아로의 복귀에 대한 미련을
버리지 못하고 한국에 돌아오자마자 시작한 작업이 '인도네시아 관련
사업을 진행하는 회사 찾기'였다.

　고맙게도 전에 인턴생활을 했던 컨설팅 회사에서 인도네시아 관련
전문가를 찾는다며 합류를 권했다. 해당 회사의 인도네시아에 대한
사업 의지를 익히 알고 있었기에 큰 고민 없이 응했다. 그리고 현재까
지 해외 투자 및 해외 진출 전략 컨설팅 업무를 담당하고 있다.

　인도네시아 컨설팅을 주로 맡고 있지만 중국, 베트남, 말레이시아,
태국 등 다양한 아시아 국가에 대한 일을 함께 진행해야 하는 업무의

특성상 다양한 국가에 대한 시장조사와 경제 관련 연구에 참여하고 있다.

그 덕분에 객관적인 시각으로 인도네시아를 볼 수 있게 되었다. 이제는 무조건 인도네시아가 좋다기보다는 "투자하기 좋은 경쟁력 있는 여러 국가 중에 하나다."라는 말을 할 수 있게 되었다.

인도네시아에 진출했거나 투자를 진행해봤다면 인도네시아가 쉽지 않은 시장이라는 사실을 잘 알 것이다. 컨설팅 업계에서 인도네시아는 기업가, 사업가들의 무덤이라는 이야기가 나올 정도다.

그런데 왜 이런 어려움에도 불구하고 외국인 투자자들은 인도네시아로 몰려드는 것일까?

왜 지금 필자는 기업뿐만 아니라 개인 또한 인도네시아에 투자해야 한다고 자신 있게 말하고 있는가?

여러 나라를 조사하고 직접 방문하는 과정을 통해, 드디어 해답을 제시할 수 있게 되었다. 그 이유를 다음과 같이 설명하고자 한다.

세계 4위, 인구 대국의 경제 성장

인도네시아의 인구는 현재 약 2억 5천만 명으로 단일국가 기준으로 세계 4위를 차지하고 있다. 인도네시아 정부의 농업부 차관인 루스만 헤리아완은 2050년까지 인도네시아 인구는 4억여 명이 될 것이라고 예상했다. 이런 거대한 인구를 통해 경제 발전을 이룩하는 인도네시아의 미래 모습은 가히 상상을 초월한다.

앞서 경제 규모 및 성장 속도가 인구 수에 비례한다는 점을 언급한 바 있다. 이는 특히 인구 중 젊은 노동력에서 기인한다. 인도네시아의 생산 가능 인구는 2030년에 전체 인구 2억 8천만 명의 70%에 다다를 것이고, 이를 바탕으로 고용가능 인력은 현재 1억 9백만 명에서 2030년 1억 5,200만 명으로 증가할 것으로 예상하고 있다.

이러한 사례는 미국과 한국의 베이비부머, 일본의 단카이 세대가 그러했고, 그들의 자식 세대인 에코부머 세대에서 찾아볼 수 있다. 현재 한국은 1979~1985년생으로 구성된 에코부머 세대가 산업을 주도하고 있다. 이와 같이 우리는 인구 수의 변화에 따라 국가 경쟁력이 변화하는 모습을 먼저 성장한 국가에서 이미 목격한 바 있다.

1인당 GDP가 두 배 성장하는 데 영국은 155년, 미국은 53년, 일본은 33년, 한국이 17년, 중국은 12년이 소요되었다. 시간이 지날수록 1인당 GDP의 성장이 가속화된다고 가정하였을 때 인도네시아의 1인당 GDP의 성장 속도는 머지않아 중국을 능가할 것으로 보인다.

아직 인도네시아 전체 인구의 1인당 GDP는 약 3,509달러로 상당히 낮은 수준이다. 하지만 수도 자카르타 인구약 1,000만 명의 1인당 GDP는 1만 2,500달러로 이미 중진국 수준에 올라섰다. 또한 1인당 GDP가 8,000달러 이상인 계층이 5,000만 명을 넘어서며 이미 한국의 인구보다 많은 수가 주 수요 계층으로 성장했다.

한 나라의 경제 성장에 따라 임금 수준이 높아지면 소득 수준도 함께 높아진다. 소득 수준이 높아지면 당연히 중산층 또한 확대된다.

각 국가의 명목 GDP와 1인당 GDP 순위

(통화 : USD)

국가명	총 GDP(명목기준)	순위	GDP(1인당)	순위
영국	2조 8,534억	5	4만 3,940	16
미국	18조 1,247억	1	5만 6,421	5
일본	4조 2,103억	3	3만 3,223	25
중국	11조 2,119억	2	8,154	76
한국	1조 4,351억	11	2만 8,338	28
인도네시아	8,957억	16	3,514	115
베트남	2,045억	45	2,052	132

출처 : IMF, 2014년

※ GDP(국내총생산)의 종류에는 명목 GDP와 실질 GDP가 있다. 명목 GDP는 단순히 그해의 총 생산량
에 그 해의 시장가격을 곱한 것이다. 실질 GDP는 그해의 총 생산량에 기준년도의 시장가격을 곱한 것
이다. 그리고 1인당 GDP는 GDP를 인구 수로 나눈 값이다.

세계은행에서 발간한 자료에 따르면 2001년 이후 인도네시아 도시
거주자들의 소비지출은 연평균 15%씩 증가해왔다. 인도네시아의 중
산층은 2004년 37%에서 지난해 56.7%로 큰 폭으로 증가했다. 이에
따라 2030년에는 1조 달러에 달하는 소비 시장이 인도네시아에 형성
될 것으로 전망되고 있다.

인도네시아의 중산층이 빠르게 성장하고 있다는 사실은 이동통신
이용 인구의 숫자로도 짐작할 수 있다. 2012년 말에는 이동통신 가입
인구 수 및 페이스북 가입자 수가 세계 4위였으며, 세계 트위터 가입
자 수는 세계 3위를 기록했다.

이 같은 새로운 시장의 성장에 발맞추어 삼성, 포스코, 화웨이, 폭스콘 등 글로벌 기업들이 앞다투어 인도네시아에 진출하고 있다. 뿐만 아니라 일본, 중국 등은 국가적으로 막대한 자금을 동원하여 인도네시아 인프라 시설에 원조를 하고 이에 따르는 다양한 경제 효과를 누리고 있다.

이런 변화의 모습을 현지에서 직접 목격한 필자로서는 '인도네시아가 정답이다'라는 확신이 더욱 굳어졌다.

아세안의 중심

골드만삭스가 2003년 10월 세계 경제전망 보고서에서 브릭스라는 용어를 처음 사용한 이후, 여러 매체 및 금융기관에서 포스트 브릭스를 표방한 단어를 만들어내고 있다. 주목해야 할 것은 그렇게 새롭게 생겨나는 모든 용어에는 인도네시아가 포함되어 있다는 사실이다.

> 브이아이피(VIP) : 베트남(Vietnam), **인도네시아(Indonesia)**, 필리핀(Philippines)의 3개국 첫 글자를 따서 만든 용어로서 지속 가능한 성장력을 가지고 있고 젊은 노동력이 풍부하기 때문에 브릭스의 한계를 극복할 대안으로 주목받고 있음.

> 비스타(VISTA) : 베트남(Vietnam), **인도네시아(Indonesia)**, 남아프리카공화국(South Africa), 터키(Turkey), 아르헨티나(Argentina)의 5개국 첫 글자를 따서 일본 브릭스 경제연구소에서 만든 용어로서 원유, 천연가스,

금 등 풍부한 천연자원을 바탕으로 높은 경제 성장을 보이고 있음.

시베츠(CIVETS) : 콜롬비아(Colombia), **인도네시아(Indonesia)**, 베트남 (Vietnam), 이집트(Egypt), 터키(Turkey), 남아프리카공화국(South Africa)의 6개국 첫 글자를 따서 만든 용어로서 평균 연령이 27세로 젊은 인구가 다수를 차지하고 풍부한 자원을 보유하고 있음.

마빈스(MAVINS) : 멕시코(Mexico), 오스트레일리아(Australia), 베트남 (Vietnam), **인도네시아(Indonesia)**, 나이지리아(Nigeria), 남아프리카공화국(South Africa)의 6개국 첫 글자를 따서 만든 용어로서 넓은 영토, 높은 인구 증가율, 풍부한 자원을 가지고 있음.

믹트(MIKT) : 멕시코(Mexico), **인도네시아(Indonesia)**, 한국(Korea), 터키 (Turkey)의 4개국 첫 글자를 따서 만든 용어로서 짐 오닐 골드만삭스 자산운용 회장이 2005년 보고서에서 브릭스를 계승할 차세대 신흥국가 '넥스트 11'을 선정했는데 이 중 성장성이 가장 높을 것으로 예상되는 네 나라를 추려낸 것임.

팀비스(TIMBIS) : 터키(Turkey), 인도(India), 멕시코(Mexico), 브라질 (Brazil), **인도네시아(Indonesia)**, 남아프리카공화국(South Africa)의 6개국 첫 글자를 따서 만들어진 신조어임.

그렇다면 왜 이렇게 세계는 인도네시아에 열광하는 것일까?

2008년 금융위기 이후 서구 선진 국가들의 영향력은 점점 약해지고 있다. 대신에 그 영향력이 아시아로 이동하고 있다. 그중에서도 특히 개발이 활발히 진행되고 있는 동남아시아 신흥국으로 관심이 집중되고 있다.

아세안 가입국

이런 흐름에 따라 1961년 창설된 동남아시아연합ASA이 발전적으로 해체되고 그 대신 1967년 8월 8일 설립된 아세안ASEAN, 동남아시아 국가연합이 자연스레 부각되고 있다. 설립 당시 5개국이던 회원국은 이제 10개국으로 늘어났으며 동남아시아 지역의 경제, 사회, 문화 등의 기반을 확립하고 각 국가의 평화와 생활 수준 향상을 목적으로 회원국의 정치적 안정과 이익을 대변하고 있다.

현재 세계 각국은 아세안 시장을 잡기 위해 혈안이 되어 있다. 한국,

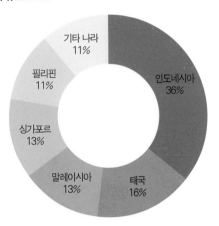

기타 나라
11%

필리핀
11%

싱가포르
13%

말레이시아
13%

태국
16%

인도네시아
36%

출처 : 인도네시아 금융재정청

중국, 일본 등이 각각 아세안 센터를 설치하여 ASEAN ＋ 1을 표방하고 있으며 중국 주도의 아세안 ＋ 3한국, 중국, 일본, 일본 주도의 아세안 ＋ 6한국, 중국, 일본, 호주, 뉴질랜드, 인도, 미국 주도의 TPP환태평양경제동반자협정 등 세계 각국이 아세안 시장의 주도권과 영향력 발휘를 위해 애쓰고 있다.

이런 상황 속에서 아세안의 중심 역할을 하고 있는 나라가 바로 '인도네시아'다.

위 그래프를 보면 ASEAN 내에서 인도네시아의 영향력을 실감할 수 있다. 그래프는 2013년 기준 아세안 국가에서 인도네시아가 차지하는 경제 규모를 나타낸다. GDP 기준으로 전체 아세안 국가의 36%의 규모를 자랑하고 있다. 이미 아세안에서의 인도네시아 영향력과 그 입지는 가공할 만하다.

아세안 사무국 또한 인도네시아 수도인 자카르타에 위치하고 있어서, 한국을 포함한 각국의 아세안 센터들도 이곳에 하나둘 설립되고 있다.

필자가 직접 아세안 사무국에 방문할 기회가 있었다. 인상 깊었던 점은 사무국에 인도네시아 직원이 많았고 그들 중 해외 유수의 대학을 졸업한 인재들이 많았다는 것이다. 그리고 그들은 인도네시아가 아세안을 리드해가는 국가라는 자부심이 대단했다. 그때 만났던 아세안 사무국 담당자가 "전 세계의 국가들이 아세안 시장을 잡기 위해 쌈짓돈을 싸들고 인도네시아로 오고 있다."라고 이야기를 할 때는 약간의 거만함마저 느껴질 정도였다.

뿐만 아니다. 인도네시아에는 교육, 기술 이전 등의 지원은 이미 충분하니 경제 발전에 보탬이 되는 자본 투자에 힘을 써달라고 말했다. 중국과 일본은 뛰고 있는데 한국만 걷고 있다며 쓴소리를 하기도 했다. 물론 이는 한국과 더 많은 협력을 하고자 하는 담당자의 관심과 안타까운 마음에서 비롯된 표현이었을 것이다. 한국 드라마를 즐겨본다는 담당자는 실제로 중국, 일본보다 한국에 더 우호적이었다.

인도네시아는 아세안 지역에서 형님을 자처하며 아세안 시장의 관문 역할을 하고 있다. 인도네시아 시장은 아세안 모든 국가에 진출할 수 있는 교두보 역할을 하고 있는 것이다.

새로운 정권의 등장

최근 인도네시아는 민주화 이후, 최초의 민선 출신 대통령인 조코 위
도도Joko Widodo, 약칭 조코위(Jokowi)를 중심으로 변화의 바람이 일고 있다.
당선이 유력했던 보수 세력의 대표 주자 프라보워 수비안또의 선거
결과 불복 등 난관도 있었으나 인도네시아 헌법재판소가 조코위의 손
을 들어주면서 말도 많고 탈도 많던 선거는 마무리되었다.

현지에서는 이번 선거 결과를 진정한 민주주의의 승리라는 평가를
내리고 있다. 실제로 인도네시아에서는 조코위를 미국의 오바마에 비
유하며 많은 지지를 보내고 있다.

인도네시아의 7번째 대통령이자 첫 문민 대통령으로 취임한 조코위
의 정치 이력은 상당히 짧다. 가구 사업을 운영하며 평범한 인생을 살
던 그는 2005년 수라카르타Surakarta, 현지에서는 주로 솔로(Solo)로 불림 시장에
당선되면서 정치활동을 시작했다. 재임기간 동안 조코위는 서민 위주
의 다양한 정책과 개혁으로 솔로 시민들의 전폭적인 지지를 받았다.
그리고 이 인기에 힘입어 2012년 자카르타 주지사에 당선되면서 급
속도로 정계의 주목을 받게 되었다.

정치적 기반이 약했던 그는 여러 정당의 러브콜을 받았으나, 그중
수카르노 대통령의 딸 메가와티 전 대통령이 이끄는 투쟁민주당PDI-P
과 손을 잡고 대선을 치렀다. 조코위는 자국 산업 보호 등 민족주의
성향이 강한 선거공약을 통해 대중의 큰 지지를 받으며 약 7% 차이
로 극적인 승리를 이끌어냈다.

인도네시아 조코위 대통령

미국 오바마 대통령

출처 : worldpress, bwalles

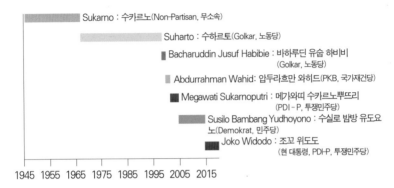

인도네시아 역대 대통령과 재임기간, 이름, 정당

Sukarno : 수카르노(Non-Partisan, 무소속)

Suharto : 수하르토(Golkar, 노동당)

Bacharuddin Jusuf Habibie : 바하루딘 유숩 하비비
(Golkar, 노동당)

Abdurrahman Wahid: 압두라흐만 와히드(PKB, 국가재건당)

Megawati Sukarnoputri : 메가와띠 수카르노뿌뜨리
(PDI - P, 투쟁민주당)

Susilo Bambang Yudhoyono : 수실로 밤방 유도요
노(Demokrat, 민주당)

Joko Widodo : 조꼬 위도도
(현 대통령, PDI-P, 투쟁민주당)

1945 1955 1965 1975 1985 1995 2005 2015

출처 : 위키디피아

그렇다면 이와 같은 인도네시아의 정치적인 변화를 통해 우리가 지향해야 할 투자의 방향은 무엇일까?

조코위의 향후 정책 방향을 살펴보면 그 해답이 보인다.

1. 연료 보조금의 삭감 : 지난 2014년 8월, 유도요노 정부에서 2015년 경제 성장 목표를 5.6%로 하는 예산안을 발표했다. 이 예산안은 석유 연료 보조금이 기존보다 18% 인상되어 있었다. 조코위는 즉각 성명을 발표해 예산에서 보조금이 차지하는 규모가 큰 반면 국가 발전 프로그램에 사용할 예산은 터무니없이 부족하다며 향후 차기 정부에서는 보조금 삭감을 통한 발전 프로그램 예산 확보에 주력할 것을 피력했다.

2. 인프라 개발 : 조코위 인수위 경제정책팀은 섬들 사이의 연결성 강화를 위한 항만 개발, 댐, 발전소 등 인프라 개발에 주력할 예정이라고 밝혔다.

3. 의료 및 교육 분야 지원 확대 : 보편적인 의료 확대와 교육 수준 평준화를 통해 전 국민의 복지 향상에 그 목표를 두고 있다.

최근 후강퉁의 영향과 선강퉁 시행에 대한 기대감으로 중국의 증시는 큰 폭으로 상승했다. 이에 따라 중국 증시 거품론이 팽배해지면서 중국 경제에 대한 우려까지 겹쳐 새로운 투자 대안이 필요한 상황에 직면해있다. 물론 경제나 증시가 무너진다고 중국이 망하지는 않을 것이다. 이후의 중국은 좀 더 건전하고 건강한 나라로 다시 태어날 것이라고 필자는 확신한다. 다만 얼마가 될지 가늠하기 어려운 그 기간 동안 닭 쫓던 개 지붕 쳐다보듯 바라만 보고 있을 것인가?

이 책을 보고 있는 독자는 한국, 중국, 미국에 이미 투자하고 있거나, 투자를 준비하는 사람도 있을 것이다. 하지만 이미 성장해있는 나라에서 예전의 주식 상승 수익률을 기대하기는 어려울 것이다. 이제 한국의 80년대 수준으로 급격한 성장을 구가하고 있는 새로운 투자처인 인도네시아에 투자해 10~20년 뒤 한국의 삼성전자, SK, 농심과 같은 높은 수익률을 보여줄 기업을 발굴해내야 한다.

많은 인구, 빠른 경제 발전 속도, 사업가 출신의 대통령이 이끌어나가는 최초 문민정부의 탄생으로 새롭게 변해갈 인도네시아, 이 인도네시아의 주식 중 어떤 종목에 투자하면 좋을지 다음 장부터 자세히 알아보자.

주식 시장에서 행운은

느긋하게 때를 기다리며

신중하게 지켜보는 자에게 돌아간다.

서둘지 말고, 안달 부리지도 말라는

이 영원한 시장의 법칙을 충실히 따라야 한다.

명심하라!

투자를 해야 할 때가 있고,

절대 투기를 해서는 안 되는 때가 있다.

– 세스 클라먼

P VISTA CIVETS MAVINS MIKT TIMBIS VIP VISTA CIVETS MAVINS MIKT TIMBISVIP VISTA CIVETS
AVINS MIKT TIMBISVIP VISTA CIVETS MAVINS MIKT TIMBISVIP VISTA CIVETS MAVINS MIKT
MBISVIP VISTA CIVETS MAVINS MIKT TIMBISVIP VISTA CIVETS MAVINS MIKT TIMBISVIP VISTA
VETS MAVINS MIKT TIMBISVIP VISTA CIVETS MAVINS MIKT TIMBISVIP VISTA CIVETS MAVINS
IKT TIMBISVIP VISTA CIVETS MAVINS MIKT TIMBISVIP VISTA CIVETS MAVINS MIKT TIMBISVIP
STA CIVETS MAVINS MIKT TIMBISVIP VISTA CIVETS MAVINS MIKT TIMBISVIP VISTA CIVETS
AVINS MIKT TIMBISVIP VISTA CIVETS M   T TIMBISVIP VISTA CIVETS MAVINS MIKT
MBISVIP VISTA CIVETS MAVINS MIKT   CIVETS MAVINS MIKT TIMBISVIP VISTA
VETS MAVINS MIKT TIMBISVIP   TIMBISVIP VISTA CIVETS MAVINS
IKT TIMBISVIP VISTA CIVET   ETS MAVINS MIKT TIMBISVIP
STA CIVETS MAVINS M   TIMBISVIP VISTA CIVETS
AVINS MIKT TIMBI   IVETS MAVINS MIKT
MBISVIP VIST   TIMBISVIP VISTA
VETS MAV   ETS MAVINS
IKT TIMBIS   T TIMBISVIP
STA CIVET   ISTA CIVETS
AVINS MII   AVINS MIKT
MBISVIP V   3ISVIP VISTA
VETS MAV   ETS MAVINS

소비하는 나라
인도네시아, '식품'

IKT TIMBIS   T TIMBISVIP
STA CIVET   STA CIVETS
AVINS MII   AVINS MIKT
MBISVIP V   3ISVIP VISTA
VETS MAV   ETS MAVINS
IKT TIMBIS   T TIMBISVIP
STA CIVET   STA CIVETS
AVINS MII   AVINS MIKT
MBISVIP V   3ISVIP VISTA
VETS MAV   ETS MAVINS
IKT TIMBIS   T TIMBISVIP
STA CIVET   ISTA CIVETS
AVINS MII   AVINS MIKT
MBISVIP V   3ISVIP VISTA
VETS MAV   ETS MAVINS

IKT TIMBIS   T TIMBISVIP
STA CIVET   STA CIVETS
AVINS MII   AVINS MIKT
MBISVIP V   3ISVIP VISTA
VETS MAV   ETS MAVINS
IKT TIMBIS   T TIMBISVIP
STA CIVET   STA CIVETS
AVINS MII   AVINS MIKT

과거 **일본**과 **한국**은 **어떠했을까?**

일본, 한국 식품 산업의 대표 종목 주가 흐름

앞서 언급했던 것처럼 일본과 한국에서 급성장한 종목의 과거 흐름을 살펴보면 신흥국의 주가 흐름을 예측할 수 있다. 이는 해당 나라의 경제 발전 흐름과 물가상승률에 따른 대표 종목의 주가 변화를 바탕으로 가능하다.

특히 식품 종목의 경우 물가상승률이 가격에 쉽게 반영되기 때문에 안정적인 예측 및 투자가 가능하다. 또한 곡물가격, 물가상승 등으로 한 번 상승된 상품의 가격은 쉽게 인하되지 않는다. 이를 통해 회사는 안정적인 수익을 창출할 수 있다.

그럼 인도네시아 대표 식품 종목을 살펴보기에 앞서 과거 일본과 한국을 대표하는 식품 종목의 흐름과 변화를 먼저 살펴보자.

다음은 일본을 대표하는 식품 종목 중 즉석라면 업계의 1위인 '니신푸드Nissin Foods Holdings co., Ltd.'다.

니신푸드는 1948년 대만계 일본인 안도 모모후쿠에 의해 설립되었다. 세계 최초 인스턴트라면, 세계 최초 컵라면을 개발해 일본 및 전 세계에 공급해오고 있는 인스턴트라면 전문 기업이다. 현재 시가총액은 6,366억 엔, 한화로 약 6조 원 정도 규모의 회사로서 2015년 5월 기준 5,400엔대에서 거래되고 있다. 2013년 기준 일본 내 시장점유율 40% 정도로 2위인 도요스이산동양수산의 26%에 비해 압도적인 시장점유율로 독보적인 위치를 차지하고 있다.

일본의 즉석라면 시장점유율

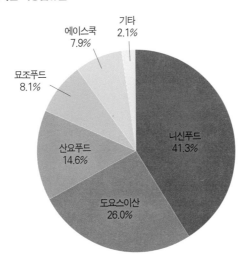

출처 : 닛케이신문, 2013년

다시 한 번 언급하자면 본 책에서 비교할 대부분의 종목은 업계에서 시장점유율 1~2위로 독보적인 위치에 있는 기업들뿐이다. 모래 속에 숨겨진 진주 같은 종목을 찾는 독자라면 지금이라도 이 책을 당장 덮길 바란다.

과거 선진국의 히스토리를 따라 신흥성장국에 투자해 위험에 대한 걱정 없이, 10년 후 적게는 수배에서 많게는 수십 배의 수익을 얻는 것이 이 책의 목적이다.

다음 차트를 통해 니신푸드의 지난 10년간 주가 흐름을 살펴보자.

차트를 보면 알 수 있듯이 2003년 1월 기준 2,600엔대였던 주가가

니신푸드

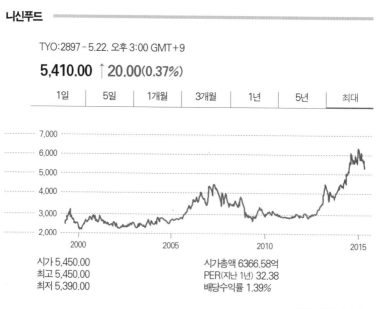

TYO:2897 - 5.22. 오후 3:00 GMT+9

5,410.00 ↑ **20.00(0.37%)**

| 1일 | 5일 | 1개월 | 3개월 | 1년 | 5년 | 최대 |

시가 5,450.00
최고 5,450.00
최저 5,390.00

시가총액 6366.58억
PER(지난 1년) 32.38
배당수익률 1.39%

출처 : 구글 파이낸스

현재는 5,400엔대를 보이며 10년간 2배 이상 상승한 것을 알 수 있다. 그렇다면 이러한 주가 흐름은 어떻게 반영되었는지 생각해보자. 앞에서 식품 관련 종목은 물가상승률을 그대로 반영한다고 언급했다. 물론 회사의 실적 개선이나 획기적인 제품 개발 등으로 급성장하는 경우에 주가는 요동치기도 한다.

그러나 우리가 찾고자 하는 종목은 그런 것이 아니다. 독점적인 시장 지위를 가지고 장기간 꾸준히 성장하는 종목을 찾는 것이 바로 우리의 목표다. 글로벌 투자의 대가 워런 버핏의 포트폴리오는 지루하기 그지없는 종목들로 구성되어 있다. 급격한 주가 상승보다는 누구나 알고 꾸준히 성장해가는 종목들이 대부분이다. 이 책에서 소개하는 종목들도 바로 워런 버핏이 투자했던 '코카콜라'와 같은 종목들이다.

그럼 다시 주가의 흐름으로 넘어가서, 필자는 니신푸드의 주가 흐름의 향방을 파악하기 위해 일본의 소비자 물가지수CPI - Consumer Price Index 변화를 살펴보기로 했다. 그 결과는 놀랍게도 주가의 흐름과 정확히 일치하는 양상을 띠었다.

다음은 일본의 소비자 물가지수 흐름을 나타내는 그래프다.

2005년 소비자 물가지수가 상승함에 맞추어 주가도 상승하기 시작했으며, 2008년 글로벌 금융위기가 도래하기 전까지 소비자 물가지수와 니신푸드의 주가는 상승세를 보이고 있다. 2008년 유럽발 금융위기 이후부터는 마이너스로 돌아선 소비자 물가지수에 따라 니신푸드 또한 하락세를 나타냈다. 소비자 물가지수가 플러스로 돌아서기

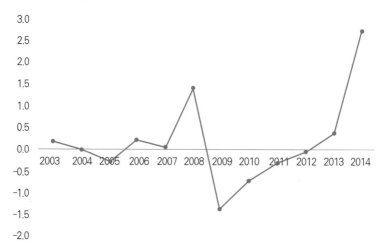

출처 : 세계은행

전인 2012년까지 주가 또한 지지부진한 모습을 보인다.

이후 2014년 소비자 물가지수가 플러스로 돌아서면서 니신푸드의 주가 또한 급등세를 보인다. 이는 2014년 아베 정권의 강력한 경기부양 정책을 통해 일본의 경제가 마이너스에서 플러스로 돌아서고, 물가지수가 상승세를 나타낸 것과 무관하지 않음을 증명하는 셈이다.

일본을 대표하는 식품 종목의 주가 흐름이 소비자 물가지수와 유사한 흐름을 보인다는 것이 증명되었다.

그럼 한국의 경우는 어떠할까?

몇몇 눈치 빠른 독자들은 벌써 짐작하고 있을 것이다.

그렇다면 이제 한국의 농심을 살펴보자. 일본의 니신푸드보다 17년

소비자 물가지수CPI - Consumer Price Index**란?**

소비자 물가지수는 말 그대로 소비자의 물가 수준을 계량화한 값이다. 같은 100원이라도 현재의 100원과 과거의 100원은 그 가치와 활용 수준이 다르다. 따라서 당시의 100원이 어느 정도의 구매력을 가졌는지와 현재는 어느 정도의 구매력을 가지는지 비교할 수 있어야 한다. 이를 위해 당시와 현재의 화폐 액수를 구매력으로 환산해서 나타낸 것이 바로 소비자 물가지수다.

잘 모르겠는가? 그렇다면 어려운 내용을 이해하려고 애쓸 필요는 없다. 그래프만 봐도 주가의 흐름과 소비자 물가지수가 유사한 흐름을 보이고 있다는 것을 알 수 있기 때문이다. 이 책을 읽는 독자들은 이것만 이해하면 된다.

뒤처진 1965년 설립된 한국의 농심은 90년대 말부터 한국 시장에서 60% 이상 점유율을 보이며 오뚜기16.2%, 삼양13.3%, 팔도8.1% 등 타사에 비해 독점적인 지위를 유지하고 있다.

과거 삼양라면이 80%가 넘는 독보적인 점유율을 유지하다가 80년대 중반 농심에게 역전 당한 후, 농심의 시장 독주가 지속되고 있다. 다만 최근 농심의 점유율이 지속적인 하락세를 보이고 있고 오뚜기와

국내 라면 시장 업체별 점유율 추이

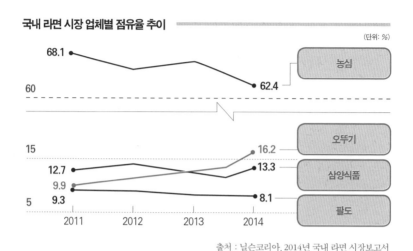

(단위: %)

농심

68.1

60

62.4

오뚜기

15   16.2

12.7   13.3   삼양식품

9.9

5   9.3   8.1   팔도

2011   2012   2013   2014

출처 : 닐슨코리아, 2014년 국내 라면 시장보고서

농심

KRX:004370 - 5.22. 오후 3:00 GMT+9

282,000.00 ↑ 10,000.00(3.68%)

1일	5일	1개월	3개월	1년	5년	최대

40만

30만

20만

10만

0

2004   2006   2008   2010   2012   2014

시가 276,000.00   시가총액 1.73조 원
최고 285,500.00   PER(지난 1년) 27.57
최저 273,000.00   배당수익률 1.42%

출처 : 구글 파이낸스

삼양식품의 점유율 상승이 농심의 주가를 20만 원대에서 짓누르는 요인이 되고 있다.

그렇다면 농심의 주가 변화를 살펴보자. 2003년 7만 원대였던 농심의 주가는 12년이 지난 지금 28만 원대로 올라서며 4배에 육박하는 상승률을 보이고 있다. 문제는 2004년 20만 원대에 진입한 후 10년이 넘는 기간 동안 20~30만 원대에 머물러 있다는 것이다. 농심의 급성장에도 불구하고 10년이 넘는 기간 동안 농심의 주가가 지지부진한 이유는 무엇일까?

그 원인을 찾기 위해 한국의 소비자 물가지수CPI를 살펴보자.

그래프는 2003년 이후 한국의 소비자 물가지수 변화를 나타내고 있

한국 소비자 물가지수 변화

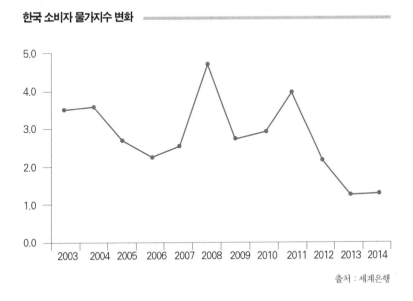

출처 : 세계은행

다. 한국의 소비자 물가지수 또한 지속적인 하락세를 보이고 있는 것을 알 수 있다. 2008년과 2011년에 잠깐 오름세를 보였지만 이는 유럽발 글로벌 위기로 인해 일시적인 유가 상승으로 나타난 현상이라고 해도 무관할 것이다.

그리고 현재 한국의 소비자 물가지수는 하락세를 보이고 있다. 이는 일본이 밟고 간 길을 그대로 따라갈 수도 있는 위기 상황에 처해있다고 해석할 수 있다.

물론 소비자 물가지수 한 가지만 가지고 주가의 흐름이나 기업의 가치를 평가하는 것에는 무리가 있다. 다만 상관관계는 부인할 수 없는

중국, 인도네시아, 일본, 한국의 소비자 물가지수 변화

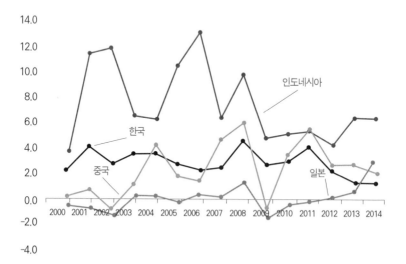

출처 : 세계은행

사실이다.

워런 버핏 투자 노트에 다음과 같은 말이 있다.

"경영대학에서는 복잡하고 어려운 행위일수록 더 큰 보상을 한다. 그러나 단순한 행동이 더 효과적일 때도 있다."

위 그래프는 아시아 주요국인 일본, 한국, 중국, 인도네시아의 소비자 물가지수 변화를 2000년도부터 추적해 재구성한 것이다. 일본을 제외한 모든 국가가 하락세를 보이고 있다고 할 수도 있으나 2011년 글로벌 금융위기 이후만 본다면 인도네시아와 일본이 상승세를 보이고 있음을 알 수 있다.

2000년 초반 인도네시아 상황은 한국의 60~70년대와 같은 시기였기 때문에 큰 등락을 보이고 있으며 이제는 안정을 찾아가는 단계다. 따라서 인도네시아 소비자 물가지수는 상승세를 보이고 있다고 봐도 무방하다.

인도네시아 대표 식품 종목

인도네시아의 식품 산업 전망

그렇다면 이제 인도네시아의 식품 산업에 대해 살펴보자. 식품 산업 군만 모아 놓은 인덱스가 있으면 좋겠지만 아직 정보를 찾기 어려워, 대신 소비재 섹터지수를 살펴보자.

식품 산업은 어느 나라에서건 대표적인 소비재의 한 축이다. 인도 네시아에서도 예외는 아니다. 인도네시아의 소비재 섹터는 크게 일용 품, 식품, 담배, 제약 등으로 나눌 수 있다. 이 중 식품 산업이 소비재 섹터에서 큰 비중을 차지하고 있다.

다음 그래프는 지난 25년간의 인도네시아의 소비재 섹터 인덱스를 나타내고 있다. 현재는 인도네시아 소비재 인덱스에 투자하는 ETF 상품이 없기에 투자가 불가능하지만 다음과 같이 가정해보자.

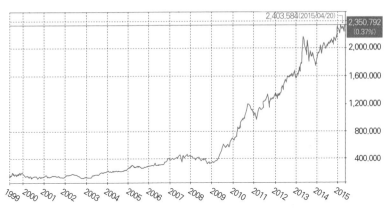

1999년에 소비재 인덱스 ETF에 투자해 10년 후 2009년에 팔았다면 약 400%의 수익을 얻었을 것이다. 지수가 1만대에서 4만대로 껑충 뛰었기 때문이다. 이 또한 엄청난 수익이지만 장기 투자자는 여기서 만족하면 안 되지 않는가?

그렇다면 그 이후 5년을 더 투자해 2015년 현재까지 가지고 있다고 가정해보자. 위 그래프를 통해 확인이 가능한 것처럼 2008년 금융위기 때 조정을 겪던 지수는 2009년부터 회복하기 시작하여 급등해 그 수익률은 1999년 기준으로 비교해보면 2,400%에 이른다. 10년을 투자했을 때 4배 정도 수익률을 올리던 것이 5년을 더 투자하면 2,400%의 수익률이 되는 것이다.

여기에 그간에 받은 배당금까지 재투자했다고 생각해보면 그 수익률은 상상을 초월한다.

실례로 유니레버 인도네시아Unilever Indonesia, UNVR를 살펴보자. 현재는 소비재 섹터 중 유니레버가 대장주를 차지하고 있다. 1999년 초 20,000루피아대였던 유니레버는 약 2년이 지난 2000년 10월 140,000루피아대까지 오르며 무려 7배나 상승하는 괴력을 보여준다.

이것으로 놀랄 일이 아니다. 그간 3차례 시행된 주식 분할을 간과하면 안 된다. 이후 11월 첫 주에 1:10의 비율로 주식 분할을 하게 된다. 따라서 149,000루피아이던 유니레버는 14,900루피아로 거래가 재개된다.

최근 아모레퍼시픽, 아모레G가 주식 분할을 전후로 해서 급등했던 것과는 다르게 인도네시아의 유니레버는 약 두 달간 지지부진한 모습을 보여준다. 이후 다시 14,900을 돌파한 유니레버는 꾸준한 상승세를 나타낸다.

약 3년간 2.5배가량 상승한 유니레버는 3만대에서 다시 한 번 1:10의 비율로 주식 분할을 실시한다. 만약 여기서 모든 주식을 처분했다고 하더라도 그 수익률은 상당했을 것이다.

우리는 이와 같이 낮은 수익률을 추구하는 투자자가 아니지 않는가?

1999년에 20,000루피아에 구매한 유니레버를 지금까지 15년 이상 보유하고 있다고 가정해보자. 첫 번째 주식 분할을 기점으로 약 7배, 두 번째 주식 분할 기점으로 약 3배, 세 번째 주식 분할 이후 현재까지 약 15배 상승했다.

그럼 20,000루피아였던 유니레버 한 주는 지금 얼마가 되어 있을까?

20,000루피아 × 7 × 3 × 15 = 6,300,000루피아

주식 분할까지 고려한다면 1주에 한화로 약 2천 원 하던 주식이 현재 약 63만 원이 되었다. 무려 3,150%의 수익률이다.

그렇다면 왜 이렇게 과거에 올랐던 종목이나 지수 이야기를 계속해서 반복하고 있을까?

워런 버핏이 가장 선호하는 투자기간은 'FOREVER'이다. 필자 또한 바로 장기 투자의 이점에 대해 이야기하고 싶은 것이다. 단기간에는 주가가 하락하는 종목이지만 장기의 관점으로 바라보면 반드시 상승하는 종목들에 투자해야 한다. 이러한 점을 이미 알고 있지만 실행에 옮기기란 쉽지 않다. 투자하는 종목에 대한 확신이 없기 때문이다.

필자의 주변에서 흔히 하는 부탁이 있다.

"결혼자금 5,000만 원 정도를 1년 동안만 굴리고 싶은데 어디에 투자하면 좋을까?"

"퇴직금 3억 원 정도를 2~3년 굴려보고 싶은데 어디에 투자하면 좋을까?

"급전이 생겼는데 3개월만 투자할 만한 곳 없을까?"

필자는 이와 같은 부탁을 하는 이들에게 단호하게 얘기한다.

"적금을 하시는 게 좋겠습니다."

필자가 말하는 장기 투자는 기본이 10년이다. 당장 며칠 후, 몇 달 후, 몇 년 후 팔 종목을 찾는다면 제발 주식을 하지 말라고 당부하고 싶다. 인도네시아는 지금 급격한 성장과 후퇴를 반복하는 신흥 시장이다. 주식 시장 또한 변동성이 커서 며칠 동안 주가가 반 토막이 나기도 하며 하루 만에 30%가 회복하기도 한다. 누구나 부자가 될 수 있는 방법이 바로 장기 투자인 것이다.

따라서 위와 같은 마인드로 투자한다면 마음이 불안하여 잠도 제대로 못 잘 것이며 일손도 잡히지 않을 것이다. 평생 투자한다는 생각을 가지고 쌈짓돈으로 10~20년 투자할 분들만 이 책을 끝까지 읽기를 바란다.

인도네시아 식품 산업의 대표 종목

인도네시아 식품 산업의 성장성을 보기 위해 인도네시아 주식 시장에 상장되어 있는 대표 식품 종목은 어떤 것들이 있는지 살펴보자. 현재 인도네시아 시장에서 식품 산업의 경우 소비재 섹터로 구분되어 있으며 대표적으로 다음과 같은 종목이 존재한다.

다음 표에 나열된 종목들은 인도네시아를 대표하는 식품 관련 종목들이다. 세부 업종을 보면 주요 취급 품목이 다르기 때문에 조금씩 다른 구성을 보이고 있다. 하지만 자세히 파고들면 위에 언급한 모든 회

회사명	종목코드	Q1 PER				세부 업종
		2015	2014	2013	2012	
Indofood Sukses	INDF	23.6	11.7	22.7	13.0	식음료
Malindo Feedmill	MAIN	(-)12.6	23.8	16.8	6.3	양계, 사료
Ultrajaya Milk	ULTJ	19.0	31.8	13.6	18.3	식음료
Unilever Indonesia	UNVR	47.5	41.0	30.3	35.0	일용품
Mayor Indah	MYOR	23.7	56.1	23.6	26.4	식음료
Charoen Pok Indonesia	CPIN	33.8	24.8	28.7	14.3	양계, 사료
Indofood CBP Suk	ICBP	26.8	21.4	21.8	13.5	식음료
Nippon Indosari	ROTI	23.0	22.8	32.6	27.5	베이커리
Japfa Comfeed	JPFA	(-)9.4	71.0	5.3	11.6	양계, 사료

출처 : 인도네시아 증권거래소

사에는 식품 사업부가 있다.

인도네시아의 인구 성장성을 고려했을 때 어떤 종목을 선택하든 장기적으로 훌륭한 투자 수단이 될 수 있다. 이 중 유니레버 인도네시아의 경우 주가가 가장 많이 오른 종목으로 현재는 기대 수익률이 낮을 것이다.

만약 인도네시아 경제 침체와 글로벌 경제 위기 등 외부 요인으로 주가의 폭락사태가 발생한다 해도 가장 추천하고 싶은 안정적인 종목 중에 하나다.

종목의 세부 업종을 찬찬히 살펴보면 양계, 사료 제품을 생산하는 회사도 있다. 인도네시아의 경우 무슬림 인구가 80%에 육박해 돼지고기를 먹지 않는다. 따라서 주식이 계육, 즉 닭이기 때문에 해당 회사에 대한 투자 또한 매력적이다.

다만 계육의 수급 현황과 조류 인플루엔자 등 각종 관련 질병의 창궐에 따라 급변할 수 있고, 계육용 사료의 경우는 원자재 가격에 민감한 반응을 보이기 때문에 초보 투자자는 피하는 것이 좋다.

그렇다면 위에 나열된 종목 중 안정적으로 10~20년간 잊어버리고 투자할 수 있는 종목이 어떤 것이 있는지 다음 〈이 종목만은 반드시 투자하라〉에서 자세히 살펴보자.

이 **종목**만은
반드시 투자하라

- 인도푸드(PT Indofood Sukses Makmur, 종목코드 : INDF /
  PT Indofood CBP, 종목코드 : ICBP)

인도네시아 소비재 종목 중 가장 좋은 종목을 꼽는다면 바로 인도푸드PT Indofood Sukses Makmur, INDF를 추천한다. 한국의 국민 라면으로 '신라면'을 꼽는다면 인도네시아에서는 단연 '인도미'다. 인도네시아 라면 시장에서 75%의 점유율을 차지하고 있다. 한국의 농심이 50%가량의 점유율을 차지하고 있는 것에 비하면 상상을 초월한다.

한국과 인도네시아 인구를 비교하면 그 차이는 더욱 커진다. 한국의 농심과 비교하는 이유는 바로 인도푸드가 한국의 농심과 유사한 회사이기 때문이다.

농심은 1965년 신춘호 회장이 라면 사업에 뜻을 세우고 현재의 본사 자리인 동작구 신대방동에 설립한 롯데공업(주)을 그 모태로 한다. 롯데라면을 시작으로 자체 개발한 라면 제조 기술을 바탕으로 농심은 1971년 소고기라면을 히트시키며 23%의 괄목한 성장을 이룩하였다. 연이어 1972년에는 새우깡으로 한국 스낵 시장을 개척하고 흑자 시대를 열게 된다.

1978년 (주)농심으로 사명을 변경 후 성장을 거듭해온 농심은 1985년 드디어 국내 라면 시장점유율 1위의 누들 기업으로 등극하였다. 현재는 화학, 농업, 마트, 엔지니어링, 호텔 등으로 사업 영역을 확대한 상태다. 뿐만 아니라 중국, 미국 등지에 공장을 설립하고 세계 각국의 글로벌 업체들과 제휴 및 총판 계약을 통해 글로벌 기업으로서 입지를 다져 나가고 있다.

인도푸드는 1990년 네덜란드의 세븐업과 조인트 벤처를 통해 PT. Paganjaya Intikusma 빠간자야 인띠꾸스마라는 이름으로 설립되었다. 현재는 1994년 신규 상장을 통해 PT. Indofood Sukses Makmur 인도푸드 쑥쎄스 마끄무르로 사명을 변경했다.

상장 당시 인도푸드의 주식은 주당 6,200루피아에 거래되며 시가총액이 100억 원 정도였지만, 현재는 주당 7,000루피아에 시가총액 6조 원이 넘는 기업으로 성장했다. 주당 6,200루피아에서 7,000루피아로 겨우 몇 백 루피아가 오른 것 같지만 1996년과 2000년 두 차례 주식 분할을 했기 때문에 실제 가치는 몇 십 배로 증가한 것이다.

인도푸드는 현재 식품 제조사로서 단계별 식품 제조를 전반적으로 관장하고 있다. 농업 부문 계열사를 통해 원재료를 생산해내고 이를 바탕으로 최종 제품을 생산해 유통까지 인도푸드가 모두 책임지고 있다. 이와 같은 제조 방식은 농심이 성장해온 방식과 일치한다.

인도푸드는 인도네시아에서 가장 큰 식품 제조사이자 세계에서 가장 큰 인스턴트 누들 생산 업체다. 인도네시아에 국한된 것이 아니라 '세계'에서 가장 큰 인스턴트 누들 제조 회사라는 말이다. 농심의 시가총액이 1조 6천억 원에 불과한 반면, 인도푸드는 6조 원이 넘는다.

물론 시가총액의 규모나 매출액의 기준으로 기업의 미래를 평가해서는 안 된다. 하지만 농심의 4배, 세계 최대의 인스턴트 누들 생산 업체라는 메리트는 크다. 글로벌 1등주라는 이야기다.

현재 인도푸드는 소비재, 밀가루, 팜오일, 유통, 농업에 이르기까지 총 5개의 사업 영역을 기반으로 가파른 성장세를 보이고 있다.

이 중 수익 비중이 가장 높은 사업군은 단연 인도미로 지칭되는 누들 사업부로서 현재 인도푸드CBP라는 회사를 통해 운영하고 있다.

인도푸드 계열사 중에는 모회사인 인도푸드Indofood Sukses Makmur, INDF와 자회사 중 가장 큰 수익을 내고 있는 인도푸드CBPIndofood CBP Sukses Makmur, ICBP 두 개의 회사가 모두 상장되어 있다. 최근 인도푸드 CBP의 지속적인 주가 상승으로 인도푸드CBP의 시가총액이 인도푸드보다 높게 형성되어 있는 상황이다.

따라서 필자는 위에 언급한 두 종목 모두를 추천하고자 한다. 그렇다면 두 종목의 성장 가능성을 모두 살펴보기 위해 주요 비즈니스를 간략하게나마 소개한다.

1. Consumer Branded Products Group(ICBP)

인도푸드CBPPT Indofood CBP Sukses Makmur, ICBP는 소비재 브랜드 제품 그룹이다. 소비재 브랜드 제품 그룹은 면, 식품 시즈닝, 유제품, 스낵, 건강·스페셜 식품의 5개 그룹으로 구성되어 있다.

회사의 급성장에 따라 효율적인 관리를 위해 2009년에 소비재 부문을 따로 떼어 인도푸드CBP라는 자회사를 설립하였다. 인도푸드는 소비재 그룹을 2010년 7월에 신규 상장한 인도푸드CBP를 통해 운영하고 있다.

인도푸드를 이야기할 때 빠질 수 없는 것이 바로 인도푸드CBP다. 총매출액의 40%에 육박하는 비중을 차지하는 인도푸드의 캐시카우인 누들을 생산하는 회사이기 때문이다.

2010년 상장 당시 약 5,500루피아로 시가총액 3조 원이던 인도푸드CBP는 현재 인도푸드 시가총액의 6조 원을 넘어서며 시가총액 순위 15위를 차지하고 있다.

다음 표는 인도푸드의 주요 제품 시장점유율을 나타낸 것이다. 이 중 인스턴트 누들 시장에서의 점유율은 압도적이다. 인도푸드의 자회사 인도푸드CBP를 통해 생산 중인 Indomie, Supermi, Sarimi 3가지 브랜드를 합쳐 80.9%에 육박하는 시장점유율을 나타내고 있다.

필자가 본 인도네시아에서 인도미Indomie의 위치는 가히 상상을 초월한다. 전 국민의 사랑을 독차지하고 있는 인도미는 앞으로도 지속적인 캐시카우 역할을 할 것으로 보인다.

인도푸드 주요 제품 시장점유율

인스턴트 누들	점유율 (%)	유제품	점유율 (%)	밀가루	점유율 (%)	쿠킹오일	점유율 (%)
Indomie	75.90	Ultra Milk	36.40	Segitiga Biru (Bogasari)	70.30	Bimoli (Indofood)	46.10
Mi Sedaap	14.40	Indomilk	18.00	Cakra Kembar	11.30	Tropical	12.20
Supermi	2.80	Frisian Flag	15.80	Kompas	5.90	Filma	11.50
Sarimi	2.20	Milo	9.10	Kunci Biru	5.70	Sania	9.80
		Bear Brand	5.60			Sunco	5.90
		Milkuat	4.60			Avena	3.60
						Fortune	2.70
						Kunci Mas	2.50

☐ : 인도푸드 제품

출처 : 유로모니터, 2014년

뿐만 아니라 베트남, 말레이시아, 싱가포르, 호주, 미국 등 다양한 국가로 판매되고 있다.

특히 필자가 업무차 자주 방문하는 베트남에서 또한 저렴한 가격을 전면에 내세운 인도미의 인기를 직접 눈으로 확인했다.

향후 성장성이 높은 유제품에서도 18%의 시장점유율로 울트라밀크에 이어 2위를 차지하고 있다. 뿐만 아니라 비알콜 음료 시장은 인도푸드CBP에서 향후 먹을거리 사업으로 사활을 걸고 있는 산업군 중에 하나다. 2012년 아사히 그룹과 JV Joint Venture, 합작투자를 통해 이치오차라는 제품을 출시했다. 이 제품은 출시하자마자 인도푸드의 유통망

을 통해 인도네시아 전 지역에서 판매되며 시장점유율 3%라는 경이
로운 기록을 만들었다.

인도푸드CBP 제품별 매출액 비중

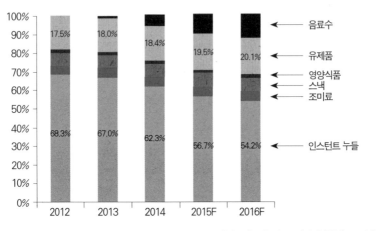

출처 : 인도푸드CBP, 다나렉사증권, 2014년

위 표를 보면 안정화되어 있는 인스턴트 누들 외에 비알콜 음료 분
야를 전략적으로 육성하고 있음을 알 수 있다. 인스턴트 누들의 점유
율을 조금 줄이는 대신 다른 분야를 좀 더 육성해 전체 파이를 키우겠
다는 전략인 것이다.

인스턴트 누들의 판매량 또한 지속적으로 상승할 것을 예상하면 음
료 부문의 매출액 상승은 향후 인도푸드CBP의 또 다른 캐시카우 역
할을 충분히 할 것으로 전망된다.

2. Bogasari(보가사리)

인도푸드의 보가사리 그룹은 인도네시아 최대 밀가루 제조사다. 자카르타와 수라바야에 제분소를 설립해 운영하고 있으며 밀가루 제조 외에도 동아시아에서 가장 큰 파스타 제조사라는 타이틀을 가지고 있다. 이렇게 생산된 파스타는 한국, 일본, 필리핀 등 다양한 국가로 판매되고 있다브랜드명 : La Fonte, 라폰테.

그렇다면 인도네시아 최대의 밀가루 제조사의 제품은 주로 어디에서 어떻게 쓰이고 있는지 살펴보자.

다음 차트를 보면 인도네시아 밀가루 중 96%가 산업용으로 활용되고 있음을 알 수 있다. 따라서 대부분의 제품이 가공식품에 쓰이고 있다. 이렇게 밀가루가 쓰이고 있는 가공식품에는 55%가 누들, 41%가 베이커리와 비스킷스낵 제품에 사용되고 있다.

자, 밀가루 소비량의 55%가 누들에 사용되고 있다. 위에서 언급한 인도푸드CBP에서 생산 중인 인도미의 주재료 또한 인도푸드의 보가사리 그룹에서 생산하고 있는 것이다. 따라서 인스턴트 누들 시장의 독점적인 지위를 잃지 않는 한 밀가루 제품 또한 독점적인 판매량을 유지할 것임을 쉽게 예상할 수 있다.

이와 같이 시장점유율이 높은 회사는 시장이 성장함에 따라 수익률 또한 함께 올라간다.

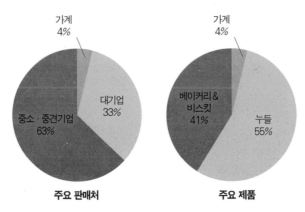

주요 판매처

주요 제품

가계
4%

대기업
33%

중소 · 중견기업
63%

가계
4%

베이커리&
비스킷
41%

누들
55%

출처 : 인도네시아 밀가루생산협회. 2013년

3. Agribusiness Group(애그리비즈니스 그룹)

인도푸드의 애그리비즈니스 그룹은 팜오일을 생산하고 있으며 세계 최대 팜오일 공급처인 인도네시아 시장을 리드하고 있다. 팜오일뿐만 아니라 야자 씨앗발아, 경작, 제분, 브랜딩, 식용유, 마가린, 쇼트닝 등 팜오일에서 파생되는 전반적인 벨류 체인을 관리하고 있다. 뿐만 아니라 고무, 코코아, 설탕, 차_茶농장 또한 운영하고 있다.

인도푸드는 자회사인 PP London Sumatra Indonesia Tbk, LSIP 삐삐 런던 수마트라 인도네시아를 통해 애그리비즈니스 그룹을 운영하고 있다. 177,099ha의 팜오일 농장, 16,996ha의 고무농장, 2,686ha의 기타 농장 등 총 490,000ha를 보유하고 있다.

지구 온난화의 영향으로 엘리뇨 등 다양한 기상 상태에 따라 매출

액에 영향을 받기도 하지만 인도푸드의 훌륭한 캐시카우 역할을 하고
있음에는 틀림이 없다.

4. Distribution Group(디스트리뷰션 그룹)

인도푸드의 디스트리뷰션 그룹은 인도네시아 내에서 가장 큰 소비재
유통망을 가지고 있다고 해도 과언이 아니다. 세계에서 가장 많은 1
만 7천여 개의 섬으로 이루어진 인도네시아는 유통망 확보가 사업 성
공의 가장 중요한 열쇠다.

　이러한 환경에서 인도푸드는 인도네시아 시골 마을의 작은 매점에
서도 인도미 제품을 살 수 있도록 유통망을 구축해놓고 있다. 이와 같
은 강력한 유통망을 통해 다른 회사의 제품을 유통·판매해주는 역할
까지 수행하고 있다.

5. Cultivation & Processed Vegetables
(컬티베이션 앤드 프로세스트 베지터블스)

인도푸드에서 2013년부터 신규 성장 집중 산업으로 선정하여 육성
중에 있는 그룹으로서, 식품 제조에 필요한 각종 농산물을 생산하고
직접 판매도 하고 있다.

　2011년부터 급성장하고 있는 인스턴트 누들 분야와 함께 지속적인
성장을 함께하고 있다. 꾸준한 수익을 보이고 있는 애그리비즈니스

Agribusiness, 애그리는 농업, 비즈니스는 기업이나 산업을 의미하는 것으로 농업 관련 산업을 일컫는

인도푸드 5개 사업 분야 매출액 비중

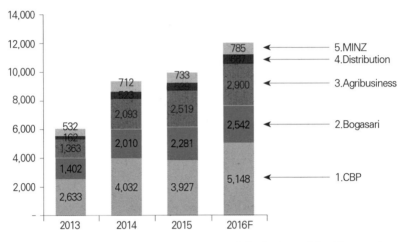

출처 : 인도푸드, 스텐다드차터드, 2014년

다. 농업과 그 관련 산업인 농업용의 생산수단 공급 부문, 농산물의 가공 · 유통 부문까지 총괄한 개념을 말한다 부문이 인도푸드의 매출액 대부분을 차지하며 견고한 수익률을 창출해내고 있다.

이 외에도 그룹의 기반이 될 수 있는 유통망 사업 부문과 향후 신규 성장 산업으로 새롭게 시작된 농산물 생산 부문 등도 인도푸드의 유통망과 브랜드밸류를 바탕으로 향후 성장 전망은 아주 밝다.

앞서 언급했던 것처럼 인도푸드는 한국의 농심과 매우 유사한 회사다. 현재 한국에서 농심은 이미 주당 25만 원이 넘는 고가에 거래되고 있다. 과거 2000년 초반에는 농심도 주당 5만 원으로 지금에 비하면 턱없이 싼 가격에 거래되었다. 현재의 주가가 2005년에 형성되어 횡

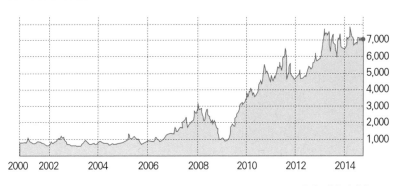

출처 : 야후 파이낸스

보하고 있다는 것을 고려한다면 불과 5년여 만에 5배가 상승한 것
이다.

당시만 해도 그까짓 몇 백 원 짜리 라면 팔아서 돈을 얼마나 벌겠느
냐고 생각했던 투자자들도 많았을 것이다. 지금 농심은 주당 25만 원
이 넘는 가격으로 1주 구매를 위해서도 많은 고심을 해야 하는 종목
이 되었다.

당신은 지금 타임머신을 가지고 있다. 미래의 농심이 될 인도푸드에
투자할 수 있는 여건을 지금 여러분은 가지고 있다. 중요한 것은 실천
하느냐 실천하지 않느냐의 문제일 뿐이다.

결코 투자자는

인간 백과사전이 되어서는 안 된다.

투자는 많은 것을 알아서 되는 것이 아니다.

다만 큰 그림을 이해할 수 있어야 한다.

투자자는 생각하는 사람이어야 한다.

– 앙드레 코스톨라니

P VISTA CIVETS MAVINS MIKT TIMBIS VIP VISTA CIVETS MAVINS MIKT TIMBISVIP VISTA CIVETS
AVINS MIKT TIMBISVIP VISTA CIVETS MAVINS MIKT TIMBISVIP VISTA CIVETS MAVINS MIKT
MBISVIP VISTA CIVETS MAVINS MIKT TIMBISVIP VISTA CIVETS MAVINS MIKT TIMBISVIP VISTA
VETS MAVINS MIKT TIMBISVIP VISTA CIVETS MAVINS MIKT TIMBISVIP VISTA CIVETS MAVINS
IKT TIMBISVIP VISTA CIVETS MAVINS MIKT TIMBISVIP VISTA CIVETS MAVINS MIKT TIMBISVIP
STA CIVETS MAVINS MIKT TIMBISVIP VISTA CIVETS MAVINS MIKT TIMBISVIP VISTA CIVETS
AVINS MIKT TIMBISVIP VISTA CIVETS M   T TIMBISVIP VISTA CIVETS MAVINS MIKT
MBISVIP VISTA CIVETS MAVINS MIKT   CIVETS MAVINS MIKT TIMBISVIP VISTA
VETS MAVINS MIKT TIMBISVIP   TIMBISVIP VISTA CIVETS MAVINS
IKT TIMBISVIP VISTA CIVET   ETS MAVINS MIKT TIMBISVIP
STA CIVETS MAVINS M   TIMBISVIP VISTA CIVETS
AVINS MIKT TIMBI   IVETS MAVINS MIKT
MBISVIP VISTA   TIMBISVIP VISTA
VETS MAV   ETS MAVINS
IKT TIMBI   T TIMBISVIP
STA CIVET   ISTA CIVETS
AVINS MIK   AVINS MIKT
MBISVIP V   BISVIP VISTA
VETS MAV   ETS MAVINS

3장

인프라 개발 수혜주 1, '통신'

IKT TIMBI   T TIMBISVIP
STA CIVET   STA CIVETS
AVINS MIK   AVINS MIKT
MBISVIP V   BISVIP VISTA
VETS MAV   ETS MAVINS
IKT TIMBI   T TIMBISVIP
STA CIVET   ISTA CIVETS
AVINS MIK   AVINS MIKT
MBISVIP V   BISVIP VISTA
VETS MAV   ETS MAVINS
IKT TIMBI   T TIMBISVIP
STA CIVET   STA CIVETS
AVINS MIK   AVINS MIKT
MBISVIP V   BISVIP VISTA
VETS MAV   ETS MAVINS

IKT TIMBI   T TIMBISVIP
STA CIVET   STA CIVETS
AVINS MIK   AVINS MIKT
MBISVIP V   BISVIP VISTA
VETS MAV   ETS MAVINS
IKT TIMBI   T TIMBISVIP
STA CIVET   ISTA CIVETS
AVINS MIK   AVINS MIKT
MBISVIP V   BISVIP VISTA
VETS MAV   ETS MAVINS
IKT TIMBI   T TIMBISVIP
STA CIVET   STA CIVETS
AVINS MIK   AVINS MIKT

과거 일본과
한국은 어떠했을까?

산업의 발전 단계에 발맞춰 함께 성장하는 산업이 바로 정보통신 분야다. 한국의 대표 기업인 삼성 또한 정보통신 산업 발달의 수혜자라고 할 수 있다. 애플이 주도한 정보통신 산업 혁명에 발맞추어 갤럭시라는 브랜드를 통해 글로벌 회사로 성장한 것이다. 최근에는 샤오미, 화웨이 등 중국계 글로벌 회사들 또한 이러한 정보통신 산업 혁명에 동참하고 있다.

정보통신 산업 발전에 가장 중요한 요소가 무엇일까?

잘 개발된 애플리케이션이 중요할 수도 있고, 애플과 같이 획기적인 디바이스가 중요할 수도 있다.

하지만 필자는 무엇보다 정보통신 인프라의 개발이 가장 중요한 요소라고 말하고 싶다. 한국이 정보통신 강국이 된 이유도 좁은 국토에

촘촘히 놓여 있는 인프라가 바로 그 핵심이다. 새롭게 성장하고 있는 신흥성장국인 인도네시아의 정보통신 인프라가 과연 한국처럼 잘 되어 있을까?

이 책을 읽는 독자라면 충분히 "아니오."라고 대답할 수 있을 정도로 예측이 쉬운 부분이다. 이제 새롭게 성장하는 국가의 정보통신 인프라 수준은 불을 보듯 빤하다. 특히 인도네시아는 약 1만 8천여 개의 섬으로 이루어진 세계 최대의 도서국이다. 해저로 케이블을 심어야 하고, 인구가 많지 않은 섬의 경우 그에 대한 투자가 쉽지 않다.

인도네시아 정보통신 종목 소개에 앞서 과거 인도네시아보다 먼저 발전 단계를 밟아 간 일본과 한국의 사례를 살펴보자.

2012년 말 기준 일본의 모바일 유저 수는 1억 3천만 명 정도다. 일본 전체 인구가 1억 2천만 명 이상이므로 1인당 1개 이상의 모바일 기기를 사용하고 있다. 또한 초고속 인터넷 브로드밴드 이용자는 5천만 명 정도로 한국 인구 수보다 많다.

이와 같은 이용자들에게 매월 일정 통신료를 받는다고 상상해보자. 이런 산업의 1등 회사라면 당연히 안정적인 수익을 보장받을 수 있는 시쳇말로 '꿀 빠는 회사들'이다. 이러한 시장에서 일본 1위 회사는 바로 NTT도코모NTT DoCoMo다.

1985년 NTT일본전신전화공사에서 분리되어 민영화되었으며, 1991년 8월 14일에 NTT도코모로 독립하였다. 일본의 정보통신 사업자 중 가장 큰 시장점유율을 차지하고 있으며 시가총액이 약 9조 5천억 엔, 한

일본의 모바일 시장점유율

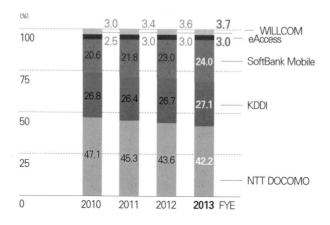

출처 : 일본 이동통신 사업자 연합, 2014년

화로 90조 원 정도 규모의 회사다. 최근 소프트뱅크로부터 맹추격을
당해 한때 시가총액에서 밀리기도 했으나 다시 회복하여 1위 자리를
지키고 있다.

여기서 언급하고자 하는 바는 NTT도코모와 소프트뱅크 중 어떤 회
사가 더 좋은지 따지는 것이 아니다. 인도네시아 통신 시장을 살펴보
기 전에 시장점유율이 높은 종목의 주가 흐름을 한번 살펴보는 데 그
목적이 있다.

NTT도코모의 지난 10년간의 주가 흐름을 살펴보자.

차트를 보면 성숙기에 접어든 일본 통신 시장은 2000년대 들어 큰
힘을 발휘하지 못하였다. 비약적인 기술의 발전보다는 가입자 수 늘

NTT도코모

TYO:9437 - 6. 5. 오후 3:00 GMT+9

2,304.50 ↓ 14.50(0.63%)

| 1일 | 5일 | 1개월 | 3개월 | 1년 | 5년 | 최대 |

시가 2,317.50
최고 2,317.50
최저 2,291.50

시가총액 9.48조 원
PER(지난 1년) 22.87
배당수익률 2.82%

출처 : 구글 파이낸스

리기에 경쟁하면서 지지부진한 주가 흐름을 보여 왔다.

이에 반해 손정의 회장이 이끄는 소프트뱅크는 일본 최초 아이폰 출시 등 다양한 혁신을 통해 시장을 잠식해나갔다. 이에 자극받은 NTT 도코모는 뒤늦게 2013년 9월 아이폰을 출시하며 다시 주가 상승세를 이끌어가고 있다. 한때 소프트뱅크에 시가총액까지 위협받았으나 독점적인 점유율로 저력을 과시하고 있다.

여기서 다시 한 번 강조할 점은 시장에서 독점적인 점유율로 1위를 하고 있는 회사라면 무조건 매수 대상이 될 수 있다는 점이다.

한국의 통신 산업에 대해서는 우리가 너무나 잘 알기에 간략한 소개 정도만 하겠다.

지난 13년간 50% 이상의 시장점유율을 유지하며 독점적 지위를 영위해오던 SKT가 최근 49%대로 떨어지며 시장 과반 점유율을 지켜내기 힘들게 되었다. 그래도 여전히 과반에 가까운 시장을 점유하고 있다는 점에서 비교 대상이 될 만하다. 시가총액 20조 원 정도로 일본의 NTT도코모의 $\frac{1}{3}$ 정도 규모의 회사이지만 한국에서는 1위 회사다.

SKT 또한 15~25만 원대에서 지지부진한 흐름을 보여주고 있다. 이는 일본 통신 산업이 특별한 변화 없이 장기간 별다른 움직임이 없었던 것과 비슷한 현상이라고 필자는 생각한다.

일본의 통신 시장 1위였던 NTT도코모가 소프트뱅크에 밀렸던 것과 마찬가지로 SKT도 KT보다 늦게 아이폰을 출시함으로써 많은 시장을 빼앗겼고 주가 또한 힘을 못 쓴 과거가 있다. 최근에는 인도네시아에 멜론 서비스 진출, 11번가 진출 등 다양한 시도를 통해 변화를 꾀하고 있다.

SKT가 인도네시아에 진출했다고? 비단 SKT뿐만이 아니다. 5월에는 다음카카오가 인도네시아 기반 소셜네트워크서비스SNS인 패스Path를 인수하기도 했다. 그 전에는 네이버의 라인Line이 대대적인 마케팅을 통해 인도네시아 시장에 진출했다.

왜 한국의 많은 IT 기업이 인도네시아에 진출하고 있을까?

앞서 언급했던 것처럼 2014년 새로운 정부 대통령으로 선출된 조코

SK텔레콤

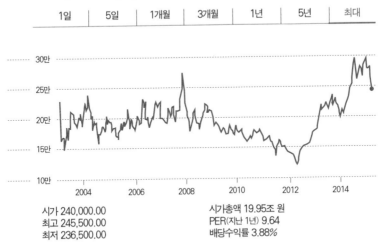

KRX:017670 - 06. 5. 오후 3:00 GMT+9

242,500.00 ↑ **2,000.00**(0.83%)

| 1일 | 5일 | 1개월 | 3개월 | 1년 | 5년 | 최대 |

시가 240,000.00
최고 245,500.00
최저 236,500.00

시가총액 19.95조 원
PER(지난 1년) 9.64
배당수익률 3.88%

출처 : 구글 파이낸스

위의 핵심 전략 산업 중 하나가 바로 이 정보통신 분야이기 때문이다.
이런 정부의 뒷받침 속에 가장 큰 수혜를 얻을 수 있는 인도네시아의
대표 통신 종목에 대해 알아보자.

인도네시아
대표 통신 종목

회사명	종목 코드	Q1 PER				세부 업종
		2015	2014	2013	2012	
Telekomunikasi Indonesia(Pesero)	TLKM	18.6	14.7	15.1	10.2	통신, 인프라
XLAxiata Tbk.	EXCL	(-)12.2	24.8	35.5	74.3	통신, 인프라
Indosat Tbk.	ISAT	(-)12.7	6.7	(-)124.6	411.2	통신, 인프라

출처 : 각 회사

　　인도네시아의 대표 통신 종목은 위 표와 같이 3개를 꼽을 수 있다.
물론 실제 인도네시아 통신 회사는 더 많이 존재하고 있으나 한국과
유사하게 빅 3 정도가 높은 시장점유율을 차지하고 있다. 그 외 상장

되어 있는 몇몇 통신 종목이 있으나 추가로 언급하지 않겠다.

상장되어 있는 세 곳의 회사 중에서도 엑셀XLAxiata Tbk., EXCL과 인도 삿Indosat Tbk., ISAT 두 개 회사의 주가는 고점에서 반 토막이 나 있는 상황이다. 지속적인 성장세를 보이고 있는 회사는 텔레커뮤니카시 인도네시아Telekomunikasi Indonesia, TLKM의 자회사 텔콤셀Telkomsel 뿐이다.

그렇다면 인도네시아의 통신 시장 현황은 어떨까?

필자가 현지에서 느꼈던 인도네시아의 통신 시장은 정말 최악이었다. 형편없는 인프라로 가정에서 한국과 같은 빠른 인터넷을 쓴다는 것은 꿈도 꾸지 못한다. 가정에서 인터넷을 쓰고 있다고 하면 그래도 살만한 집에서나 가능한 일이다. 뿐만 아니라 겨우 검색이 가능할 정도의 서비스를 이용하기 위해 한국과 비슷한 비용을 지불하고 있는 실정이다.

필자는 업무상 아시아 국가의 출장이 잦아 이 같은 인터넷 환경을 몸소 느끼고 있다. 중국이야 이미 한국 수준의 서비스가 제공되고 있고 베트남, 말레이시아 등 신흥 성장국 또한 인터넷 사용 및 모바일 3G 사용에 큰 어려움이 없었다. 이는 로밍을 하거나 현지 심카드를 사용하나 마찬가지였다. 인도네시아만 가면 업무가 힘들어지는 것이 바로 이 통신 상태의 문제 때문이다. 비만 오면 모바일 통신 상태가 안 좋아지고 심지어 사용 메모리가 작은 SNS인 카카오톡, 왓츠앱 등도 전송이 잘 안 되는 때가 많았다.

한국에서는 전화나 인터넷 등이 안 되면 즉각적인 조치가 이루어지고 피해보상까지 해준다. 하지만 인도네시아에서는 "불편하면 쓰지 말던가."식이다. 인터넷 문제로 서비스를 신청하면 전화 연결도 잘 안 될뿐더러 일주일 뒤에야 출장을 오기 때문에 일주일간은 사용 불가다. 일주일 뒤에 와서는 이것저것 해보고 "기기 교체가 필요하다, 본사에 확인을 해봐야 한다." 등등의 이유를 대고 다시 일주일 뒤에나 방문한다. 모바일 통신 상태가 안 좋거나 인터넷이 안 되더라도 항상 있는 일이기 때문에 아무도 불만이 없다. 그냥 될 때까지 기다린다.

또한 텔콤셀이 잘 터지는 지역, 인도샷이 잘 터지는 지역, 엑셀이 잘 터지는 지역이 존재해 많은 사람들이 2~3개의 통신사를 활용하고 있다. 인도네시아에 처음 방문하는 외국인들이 보기에는 신기한 일이다. 대부분의 사람이 전화번호와 통신사를 2개 이상 활용하고 있다. 그래서 인도네시아의 총 모바일 가입자 수는 인구 수보다 많다.

다음 표는 인도네시아의 인터넷 사용자 수치와 인터넷을 사용하는 기기의 종류를 나타낸 것이다. 2014년 기준 8천 8백만 명 정도로 인구의 34.9%가 인터넷을 사용하고 있으며, 그중 59%가 모바일 기기를 인터넷 사용 기기로 선택했다.

앞에서 언급한 것처럼 인도네시아의 인터넷 상황은 최악이다. 또한 서비스 이용료 또한 높기 때문에 그냥 휴대폰으로 인터넷을 활용하고 있는 상황이다. 랩톱을 활용한 사용률 또한 높다. 이는 대부분 직장, 커피숍 등에서의 와이파이 활용과 모바일 테더링을 통한 이용 때문이다. 데스크톱 컴퓨터 활용은 불과 10% 정도밖에 안 되며 태블릿PC의

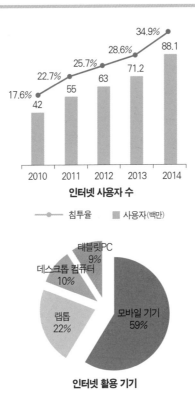

인터넷 사용자 수

— 침투율   ■ 사용자(백만)

인터넷 활용 기기

태블릿PC
9%
데스크톱 컴퓨터
10%
랩톱
22%
모바일 기기
59%

출처 : 인도네시아 인터넷 서비스 제공 연합

9%와 큰 차이가 없을 정도로 저조하다.

　통신사 가입자 수와 2G, 3G 사용 현황을 들여다보자. 텔콤셀을 사용하고 있는 수가 1억 4천만 명으로 인구 수의 절반 이상을 차지하고 있다. 뿐만 아니라 그 수를 합해보면 인구 수인 2억 5천만 명보다 더 많은 2억 7천만 명 정도다. 여기에 통신 3사 외에 쓰리$_3$라는 회사의 5

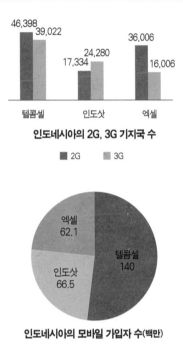

인도네시아의 2G, 3G 기지국 수

■ 2G　■ 3G

인도네시아의 모바일 가입자 수(백만)

출처 : 텔레커뮤니카시 인도네시아, 위키피디아, 2015년 1분기

천 5백만 명, 스마트프랜Smartfren의 1천만 명 등 기타 통신사까지 더
하면 그 수는 엄청나다. 2~3개의 휴대폰을 활용하는 인구가 많기 때
문이다.

　인도네시아의 기지국 수를 나타내는 표를 보면 아직 3G보다 2G의
기지국 수가 더 많은 실정이다. 그럴 수밖에 없는 것이 본격적으로
3G 서비스가 시작 된 지 불과 3~4년 정도밖에 안 되었기 때문이다.

4G 서비스의 경우 텔콤셀에서 2014년 12월에 시작했을 정도이니, 현지 통신 시장의 수준이 한참 뒤떨어져 있음을 알 수 있다.

물론 정보통신 최강국인 한국과 비교하면 그 차이가 확연하다. 하지만 먼저 언급한 것처럼 경제 규모나 인구 수를 생각해봤을 때 기타 주변국보다도 많이 뒤처진 시장인 것은 사실이다.

그럼 인도네시아 통신 시장은 가망이 없는 것일까? 아님 이제 막 성장하는 투자하기 좋은 시장일까?

이 **종목**만은
반드시 투자하라

- 텔콤(PT Telekomunikasi Indonesia Tbk, 종목코드 : TLKM)

개발도상국이라면 어디든 마찬가지겠지만 인도네시아 또한 국가 주도의 개발 계획에 의한 인프라 구축 및 육성 산업 진흥 정책이 존재한다. 인도네시아는 경제 발전 마스터플랜MP3EI을 2011년 발표하여 2025년 완성을 목표로 추진하고 있다.

이 마스터플랜의 대부분은 인도네시아 6개 회랑回廊을 개발하는 것이 목적이다. 인도네시아 전역을 허브도시, 산업단지, 공항, 도로, 철도, 항만, 발전소, 통신 등의 인프라로 연결하여 지역의 균형발전을 이룬다는 것이다.

특히 자바 섬의 개발에는 자카르타 인근 지역인 자보데타벡 Jabodetabek - Jakarta, Bobor, Depok, Tangrang, Bekasi의 개발과 자카르타를 연결하는 3개 허브 계획이 포함되어 있다. 자바 섬 개발의 중점 육성 산

인도네시아 경제 발전 마스터플랜 - 6개 경제회랑 지도

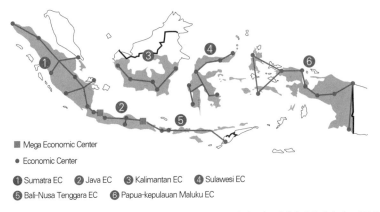

■ Mega Economic Center
● Economic Center

① Sumatra EC ② Java EC ③ Kalimantan EC ④ Sulawesi EC
⑤ Bali-Nusa Tenggara EC ⑥ Papua-kepulauan Maluku EC

출처 : 인도네시아 경제 발전 마스터플랜

업으로는 음식료, 섬유, 운송장비, 조선, 정보통신, 방위 산업이 있다. 이 중 필자는 우리에게 익숙한 정보통신 산업에 대해 이야기해보겠다.

우선 필자가 처음 접한 인도네시아의 통신 환경은 매우 실망스러웠다. 3G 서비스를 이제 갓 시작한 상태인데다 인프라 구축이 미비해, 곳곳에서 연결이 끊기거나 데이터 다운로드 속도가 터무니없이 느렸다.

필자가 인도네시아에 처음 갔을 무렵 한국에서도 4G 서비스가 한창 진행 중이었지만 필자는 그때까지 3G 서비스만 사용했었다. 그런 필자도 인도네시아의 3G 서비스는 적응하기 힘들었다. 물론 현재는 3G 서비스가 대중적으로 자리 잡아 속도나 안정성 면에서 과거와 비교하기 어려울 정도로 좋아졌다. 하지만 아직도 한국의 3G에 비교할 수준은 아니다. 이처럼 인도네시아의 텔레커뮤니케이션 서비스는 아직 초기 단계로 향후 성장 가능성이 높다.

인도네시아에서는 길거리에서도 선불 유심카드를 팔기 때문에 큰 부담 없이 여러 개의 번호를 사용한다. 가격도 저렴해서 유심카드 구매비가 2~3천 원 정도이고 3G 데이터 서비스 사용료가 월 1만 원 정도다. 한국 돈 25,000원 정도면 새로운 유심을 사서 무제한 3G 데이터 서비스를 신청한 후, 남는 충전 잔액은 통화에 사용할 수 있다.

위와 같은 계산법은 외국인이었던 필자의 사용액이었고 실제 현지인들은 월 1만 원에서 2만 원 정도의 휴대폰 요금을 지불한다. 통신비가 저렴하기 때문에 2~3개의 휴대폰을 갖고 있는 것이 일반적이다. 또한 통신사별로 지역에 따라 수신이 잘되는 곳과 안 되는 곳이 있어 대부분의 사용자들은 여러 곳의 통신사를 사용한다.

인도네시아 통신 시장은 통신 3사가 시장을 독점하고 있는 한국과는 다르게 11개의 통신사가 존재한다. 이 중 상위 5개 업체가 통신 시장의 90%를 장악하고 있다. Top3라고 할 수 있는 회사는 인도네시아 증시에 상장되어 있는 텔콤PT Telekomunikasi Indonesia Tbk, TLKM, 인도샛PT. Indosat Tbk, ISAT, 엑셀XL Axiata, EXCL이다. 각각 한국의 SK텔레콤, KT, LG유플러스와 유사하다고 보면 된다.

이 중 단연 돋보이는 회사가 바로 한국의 SK텔레콤과 유사한 텔콤이다. 시장점유율 면에서 1위 업체이며 독특한 점은 인도네시아의 국영 기업이라는 점이다. 인도네시아 경제가 국가 주도의 경제 발전을 추구하고 있는 상황에서 민간 기업이 1위의 국영 기업에게 상대가 되겠는가?

실제로 텔콤은 통신 인프라 구축, 정보통신 산업 육성, 텔콤 대학 운영, 반둥 테크노파크 운영 등 국가에서 진행하는 사업에 주도적으로 참여하고 있다. 향후 이에 따른 수혜를 고스란히 받을 것으로 필자는 예측하고 있다.

예를 들어 인도네시아 정보통신 산업 텔레커뮤니케이션 분야는 2014년까지 1조 루피아 이상을 투자하여 66억 달러 수준의 수출 달성을 목표로 하고 있다. 고용 또한 11만 명 수준으로 늘릴 예정이다. 장기적으로는 2025년까지 3조 1,200억 루피아를 투자하여 수출 195억 달러, 고용 33만 명을 달성하는 것을 목표로 한다.

물론 이러한 투자 계획은 통신장비 개발 등 장비 제조와 소프트웨어 분야를 중심으로 하고 있다. 하지만 계획이 순조롭게 진행된다면 서비스 산업 분야의 생산성과 질도 함께 향상될 것이다. 텔콤에서 개발하고 연구하는 만큼 텔콤이 가장 많은 혜택을 누릴 것이다.

또한 인도네시아는 18,000개가 넘는 섬으로 구성되어 있는 특성으로 유선전화보다는 무선전화의 성장이 무섭도록 빠르게 진행되고 있다. 인도네시아 산업부에 따르면 현재 인도네시아의 휴대전화 사용자는 2억 5천만 명을 넘어 인구 수보다 많은 휴대전화 보급률을 보이고 있다. 여러 대의 휴대전화를 사용하는 인구가 전체 사용자의 30%에 달하기 때문이다. 더군다나 2015년에는 약 3억 9천만 대의 휴대전화 사용이 예상된다.

뿐만 아니라 인도네시아 통신산업협회는 2016년 인터넷 이용자가 1억 7,500만 명, 데이터 접속 가입자 수는 1억 6,700만 명 규모로 확대될 것으로 전망하고 있다. 이들 중 1억 900만 명은 스마트폰을 사용할 것으로 예상하고 있다. 당연히 전자상거래 규모도 확대될 것이며, 이에 따른 모든 수혜는 바로 국영 기업인 텔콤에서 가장 먼저 받게 될 것이다.

인프라 투자와 함께 성장할 국영 통신사 텔콤에 투자하자

텔레커뮤니카시 인도네시아이하 텔콤, TLKM는 인도네시아의 가장 큰 텔레콤, 네트워크 제공 업체다. 총 발행 주식의 53%를 인도네시아 정부가 소유하고 있는 국영 기업이다. 뿐만 아니라 인도네시아 전체 휴대폰 가입자의 45~50%의 시장점유율을 보이고 있다. 텔콤은 인도네시아의 마켓캡 기준 가장 큰 회사들 중 하나이며 텔콤 그룹을 모회사로 두고 있다.

텔콤 그룹은 텔레콤 외에도 멀티미디어, 부동산, 금융 서비스업 분야 등의 사업을 영위하고 있다. 특히 무선전화 사업을 담당하고 있는 자회사 텔콤셀Telkomsel의 매출 기여도가 가장 큰 편이다. 텔콤의 주식은 인도네시아증권거래소IDX뿐만 아니라 뉴욕증권거래소NYSE, 런던증권

거래소LSE 등에서도 거래가 되었으나 런던증권거래소에서는 2014
년 6월 5일 철수했다.

텔콤은 상당히 넓은 범위의 통신 서비스를 제공하고 있다. 무선·유선,
CDMA, GSM, 네트워크, 인터넷, 데이터 서비스 등을 제공한다. 뿐만
아니라 정보, 미디어, 에듀테인먼트, 클라우드 서비스, 서버 운영, 온라
인결제, IT 선도자, IPTV, 이커머스, 포털 서비스 등 종합 IT·통신 서비
스 회사라고 할 수 있다.

최근에는 회사의 규모가 커짐에 따라 국내 산업만으로는 시장이 좁

텔콤의 통신 서비스 가입자 수

(단위 : 백만)

	2008	2009	2010	2011	2012	2013
총 가입자 수	65.3	81.6	94.0	107.0	125.1	131.5
- 선불 (Simpati & Kartu As-상품명)	63.3	79.6	91.0	104.8	123.0	129.0
- 후불 (Kartu HALO-상품명)	1.9	2.0	2.1	2.2	2.1	2.5
유선전화					26.8	16.1
유선 브로드밴드 (Speedy - 상품명)	0.6	1.1	1.6	1.8	2.3	3.0
무선 브로드밴드 (Flash - 상품명)					11.0	17.3
블랙베리					5.8	7.6

출처 : 텔레코뮤니카시 인도네시아, 2013년 사업보고서

다고 판단하여 2013년부터 미얀마, 마카오, 홍콩, 말레이시아, 대만, 싱가포르, 미국 등 해외 시장 진출에 박차를 가하고 있다.

총 가입자 수를 나타낸 표에서 확인하듯이 선불 가입자 수가 전체 가입자 수의 98%가량 차지하는 것을 알 수 있다. 2013년 사업보고서에 따르면 선불 가입자의 수가 1억 3천만 명 정도다. 데이터 통신의 발달로 데이터 수익률이 증가하면서 음성통화 및 문자 서비스 수익률은 감소할 것으로 예상했다. 하지만 실제로는 2014년 1분기에 음성 서비스는 4%, 문자 서비스SMS 또한 전 분기 대비 3% 상승을 기록했다.

이는 휴대전화 가입자 수가 지속적으로 증가하면서 전통적인 수익원인 음성, 문자 서비스 또한 계속해서 수익 창출에 이바지하고 있음을 추론할 수 있다. 여기에 급증하는 데이터 사용으로 데이터 사용 수익까지 추가로 얻을 것으로 기대된다.

텔콤의 수익성장률을 살펴보자. 수익은 지속적으로 증가하고 있으며 성장률은 2009년을 기점으로 급격한 감소세를 보인다. 그러다가 2014년부터 차츰 회복세를 보이고 있다. 이는 3G 서비스망의 확대를 위한 인프라 투자 때문이다. 또한 데이터 수익률을 살펴보면 2016년 예측치까지 급속한 증가세를 보일 것으로 메이뱅크는 예상하고 있다.

전체 매출액 기여도 비중을 살펴보면 아직까지 음성통화 수익률이 38%로 가장 높은 비중을 차지한다. 그다음으로 모바일 데이터 비중이 20%로 2번째 높은 비중을 차지하고 있다. 전 세계적으로 모바일

텔콤 수익 및 성장률

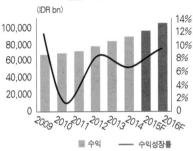

(IDR bn)

■ 수익 　　— 수익성장률

분야별 수익성장률(음성, 데이터, SMS)

■ 음성통화 수익 　　■ 데이터 수익 　　■ SMS 수익

데이터 수익 및 성장률

(IDR bn)

■ 데이터 수익 　　— 성장률

텔콤 매출액 기여도

10%
(유선 음성)

6%
(인터넷
연결망)

11%
(기타)

20%
(모바일 데이터)

38%
(무선 음성)

15%
(SMS)

출처 : 메이뱅크, 2014년 텔콤셀

산업은 데이터 중심 산업으로 이동이 일어나는 것과 마찬가지로 인도
네시아 텔콤의 경우에도 음성, SMS 성장률은 축소세를 보이고 있으
며 데이터 성장률을 점차 높아지고 있는 상황이다.

텔콤 스마트폰 이용자 증가 수

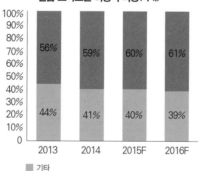

텔콤 스마트폰 이용자 비중(국내)

출처 : 메이뱅크, 2014년, 텔콤셀

뿐만 아니라 2014년 하반기 기준 텔콤 가입자 중 스마트폰 이용자가 3천 5백만 명으로 지속적인 증가율을 보이고 있다. 2016년에 텔콤의 스마트폰 사용자 비중은 인도네시아 전체 스마트폰 이용자의 61% 정도로 예상된다. 이에 따라 2016년에는 인도네시아 전체 인구의 35%가 스마트폰을 사용할 것으로 전망되며 이 수는 지속적으로 증가할 것이다.

최근 구글에서 전 세계 모바일 인터넷 사용 행태를 분석한 '컨슈머 바로미터'에서 한국의 스마트폰 보급률은 83%로 세계 4위로 조사되었다. 인도네시아는 이제 35%를 바라보고 있다. 전체 인구의 35%만 되어도 8천 7백만 명 정도로 한국 인구 수보다 많으며, 한국의 전체 스마트폰 이용자의 2배가 넘는 수준이다.

그렇다면 인도네시아가 중진국으로 접어들어 전체 인구의 70~80%가 스마트폰을 사용하고 이를 통해 인터넷을 검색하며 쇼핑

텔콤 지분 구조 및 사업 분야(TIMES)

출처 : 텔콤셀, 2014년 사업보고서

을 즐긴다고 생각해보자. 인도네시아 통신 관련 시장은 이제 활짝 만
개할 준비를 하고 있는 꽃봉오리 시장인 것이다.

텔콤셀의 지분 구조 및 주요 사업 분야를 보자.

2014년부터 TIMES라는 모토로 사업 확대에 박차를 가하고 있다.
이는 "To become a Leading Telecommunication, Information,
Media&Edutainment and Services"를 지칭하는 텔콤의 새로운 미
래지향적 비전을 표현한 것이다.

텔콤은 크게 구분하면 다음과 같이 4개 사업 분야로 나뉘어 있다.

1. Telkomsel(텔콤셀 : T) : 셀룰러 비즈니스로 텔콤의 매출 기여도가 가장 큰
   핵심 사업 분야다. 자회사 PT Telkom Indonesia Cellular를 통해 운영되
   고 있다.

2. TelkomMetra(텔콤메트라 : IME) : 미디어 분야로 한국의 멜론 등을 서비스
   하고 있다. 자회사 PT Multimedia Nusantara를 통해 운영되고 있다.

3. TelkomInfra(텔콤인프라 : T) : 위성, 기지국 타워, 부동산 등을 관리하는 회
   사로서 자회사 PT Indonesian Telecommunications Infrastructure를
   통해 운영되고 있다.

4. Telin(텔콤인터네셔널 : T) : 텔콤의 해외 사업을 담당하고 있으며 모든 해외
   사업을 관장하고 있다. 이는 자회사 PT Telkom Indonesia International
   을 통해 운영되고 있다.

하나 더 주목할 것은 바로 텔콤의 새 로고다. 2013년 새롭게 바뀐 로고이며 'the world in your hand'라는 슬로건을 걸고 해외 사업 확대에 집중하고 있다. 인도네시아 국영 통신사에서 나오는 자신감을 느낄 수 있다.

전 세계 여러 나라에서 인구가 많은 인도네시아 시장에 진출하기 위해 열을 올리고 있다. 하지만 텔콤은 인도네시아 시장은 작다고 판단하고 글로벌 진출하기 위해 준비 중이며, 거대한 자본력과 정부의 지지를 바탕으로 하나씩 실행에 옮기고 있다.

필자는 무엇보다 이런 인도네시아인들의 자신감과 마인드가 훌륭하다고 생각한다. 한국은 대부분의 분야에서 인도네시아보다 발전해 있다. 통신 분야는 특히 세계 최고의 훌륭한 기술과 인프라를 가지고 있다. 하지만 세계 시장에서 성공해보겠다고 자신 있게 이야기하는 국내 통신 회사는 보지 못한 것 같다.

텔콤의 지난 주가 흐름

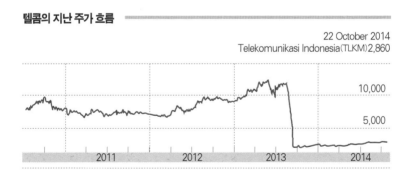

22 October 2014
Telekomunikasi Indonesia(TLKM) 2,860

출처 : 인도네시아 인베스트먼트

이런 인도네시아 국영 통신사의 미래 성장 가능성은 주가의 흐름에서도 볼 수 있다.

한 주에 1만 루피아를 오르락내리락하던 주가가 2013년 8월 30일 1 : 5 비율로 주식 분할하여 2,200루피아가 되었다. 이때 필자는 무조건 매수를 외쳤다. 텔콤 같은 우량 기업이 분할되어 투자자들이 적은 돈으로 쉽게 살 수 있게 된다면 주가가 계속 오를 것이라고 예상했기 때문이다.

약 2년여가 지난 지금 텔콤의 주당 가격은 2,800~2,900루피아를 형성하고 있다. 이는 필자가 "무조건 매수!"를 외쳤을 때보다 30% 상승한 가격이다. 너무 많이 오른 것 아니냐고 질문할 수도 있다. 하지만 크게 걱정할 필요는 없다. 이 책을 읽고 있는 독자들은 구매해두고 몇 년간 잊어버려도 충분히 좋은 주식이기 때문이다. 매수 주문을 내고 몇 년 발 뻗고 주무시면 게임 끝이다.

4장

인프라 개발 수혜주 2, '건설'

과거 일본과
한국은 어떠했을까?

두바이의 세계 최고 163층 부르즈칼리파

말레이시아에서 가장 높으며 세계 6~7위를 차지하고 있는 페트로나스트윈타워

싱가포르의 배 모양 디자인으로 세계적 관광명소가 된 마리나베이샌즈

바로 이 건물들의 공통점은 한국 건설사의 손이 닿은 건축물이라는 것이다. 부르즈칼리파는 삼성물산이 주 시공사로 참여하였고 3일에

1층씩 건물이 지어진 것으로 유명하다. 2010년 최고층으로 완공된 부르즈칼리파는 지금까지도 넘보지 못하는 세계 최고층 건물이다.

2003년까지 세계 최고층 빌딩이었던 페트로나스트윈타워는 삼성건설·극동건설 컨소시엄과 일본의 하자마 건설 컨소시엄이 각각 1채씩 시공을 맡았다. 한일 간 자존심 대결에서 삼성·극동건설이 10일 먼저 완성하며 한국 건설의 위상을 떨쳤을 뿐만 아니라, 두 건물을 잇는 스카이브릿지도 삼성물산이 맡아 CNN에서 브릿지 연결 행사를 생중계하는 등 화제를 낳았다.

현존하는 최고 난이도의 건축물이며 피사의 사탑과 비교되는 마리나베이샌즈는 사람인ㅅ 모양의 건물 3채를 동시에 건설한 것으로 유명하다. 더욱 놀라운 것은 꼭대기에 축구장 3배 크기 만한 배 모양의 스파이크까지 얹혀 있다. 중형차 4,300대 무게와 맞먹고 에펠탑을 눕혀 놓은 것보다 긴 구조물을 지상 200m까지 올려놓는, 상상을 초월한 건축물을 한국의 중견건설사인 쌍용건설이 해낸 것이다.

이처럼 세계적인 건축물들은 막대한 자금이 투입되고, 경제 활성화에 도움이 되며, 세계의 관광 명소가 되어 그에 따른 고용확대 및 각종 부가가치를 창출해낸다. 미국은 1929년 대공황을 천문학적인 비용의 인프라 투자를 통해 극복했으며, 한국 또한 과거 건설경기 활성화를 통해 경기부양을 도모하였다.

그렇다면 이런 세계적인 건축물들을 만들어낸 한국의 현재 건설경기는 어떠한가? 부동산 경기 침체로 초고층 건축물 시공이 취소되고 지역 개발 프로젝트 또한 무기한 연기되고 있다. 최근 한반도 최고층 높이인 제2롯데월드타워가 개장되었지만 각종 사고 및 지반 침하 등 루머로 곤란을 겪고 있다.

현재 한국 건설사들의 주가는 베이비부머 및 에코세대 이후의 인구 감소, 주택 구매 기피, 부동산 경기 침체, 정부의 인프라 투자 축소 등으로 미래 전망마저 어둡다.

그렇다면 이제 건설사에 대한 투자는 포기해야 한단 말인가?

아니다. 우리에게는 새롭게 성장하고 있는 인프라 시장인 인도네시아가 있다. 2015~2019년까지 진행하는 인도네시아 중기 인프라 발전계획RPJMN을 보면 전력, 수도, 도로, 항만, 대중교통, 통신 등에 다양한 투자가 활발하게 이루어질 것으로 계획되어 있다. 우리나라도 이러한 국가 발전 계획에 따라 성장해왔으며 정부에서 적극적인 인프라 투자에 힘쓰면서 건설사의 성장이 두드러졌다. 우리의 경험과 과거 일본의 역사를 보고 그대로 인도네시아에 적용하면 되는 것이다.

한국 건설 종목 변화를 살펴보기에 앞서 우리보다 먼저 잃어버린 20년을 보내고 있는 일본의 건설 종목은 어떻게 변해왔는지 살펴보자.

일본 최대, 최초 건설사인 시미즈Shimizu Corporation는 1804년 에도江戸, 현재의 도쿄에 설립된 200년이 넘는 역사를 자랑하는 건설사다. 시가총액 기준 약 6조 원, 2015년 기준 매출액 14조 5천억 원에 순이익 1,300억 원 규모의 일본 최대의 건설사다.

다음 표는 시미즈의 지난 15년간 주가 차트다. 2000년부터 등락을 거듭하다 최근에 와서야 아베 정권의 양적완화 정책에 힘을 받아 최고치를 경신 중에 있다. 여기서 주목해야 할 점은 경기가 안 좋았던 20년간 거의 제자리 횡보를 하고 있는 것이다. 2000년에 해당 주식을 사서 2012년에 팔았다면 12년간 단 한 푼의 수익을 내지 못한 것이며, 2005년 전 고점에서 사서 2012년에 팔았던 사람은 $\frac{1}{10}$ 로 줄어들어 손해가 막심한 것이다.

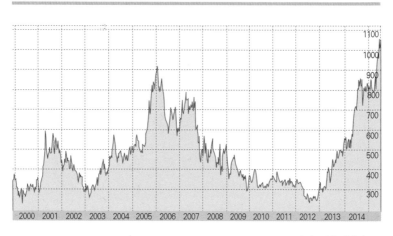

출처 : 야후 파이낸스

2012년에 매수해 현재까지 보유하고 있는 투자자라면 3년이라는 단기간에 얻은 수익이 10배 이상으로 한몫 단단히 챙겼을 것이다. 다만 2012년은 2008년과 2011년에 잇따라 발생한 글로벌 금융위기로 모든 종목에 대한 투자가 잘 이루어지지 않았고, 공포지수로 잘 알려져 있는 VIX지수는 최고치에 이르렀을 때다. 과연 몇 명의 일반 투자자들이 이런 상황에서 투자했을까?

불확실한 상황, 위기의 상황에서 폭락한 주식에 역발상 투자를 하면 높은 수익을 얻을 수도 있다. 하지만 만약 그 주식이 상장 폐지되어 휴지 조각이 된다면 어떻게 할 것인가? 당신은 이러한 급등주와 휴지 조각이 될 종목을 알아 볼 수 있는가?

이 책을 쓰고 있는 필자 또한 이러한 종목을 구분해내는 것은 불가능에 가까우며 설령 맞아떨어졌더라도 뒷걸음치다 얻어걸렸을 뿐이라고 생각한다. 물론 돈 냄새를 잘 맡는 분들도 있을 것이지만 그건 극소수에 불과하다.

최근 일본은 경기 부양 효과로 대부분의 종목이 횡보장을 극복하고 상승세를 보이고 있으나 언제까지 효과가 지속될지는 지켜봐야 한다. 그만큼 이미 많이 올라 있는 주식 시장이다.

여러분은 이미 반복 학습을 해왔다. 2000년대 초반 IT 열풍에 묻지 마 투자를 경험했으며, 2007년 중국 펀드 열풍 때 누구나 한 번씩 중국 펀드 계좌를 개설했다가 반 토막 난 경험이 있다. 최근에는 '후강통' 효과로 너도나도 중국 주식에 불나방처럼 달려들어 묻지 마 투자를 감행했다. 이 중 하나라도 아직 경험을 안 했다면 다행이고 이런 난리 속에 그래도 수익을 얻었다면 '운' 하나는 좋은 것이지만 투자 습관은 반성해야 한다. 지금 결과는 어떠한가?

이제 반성하는 자세로 한국의 대표 건설사인 현대건설의 주가 흐름을 살펴보자.

현대건설은 1950년 정주영 회장이 설립한 건설 회사로서 현대자동차 그룹 계열의 종합건설 업체다. 시가총액은 7조 원이고 매년 매출액 17조 원에 5,000~7,000억 원의 순수익을 내고 있다.

1960년 인천항 제1부두 준공, 1970년 경부고속도로 준공, 호남고속도로를 완공하는 등 다양한 국가 인프라 프로젝트를 수주하며 성장했다. 60년대 대한민국의 굵직한 장대교는 모두 현대건설 작품이다. 뿐만 아니라 60년대 정부의 최우선 과제가 바로 발전소였다. 각종 산업화 및 생산 공장 증가로 전력난 해결이 시급한 상황이었기 때문이다.

이때 일본, 미국 등의 하청을 통해 배운 기술을 자립화하여 70년대 초 국내 최초 고리 원자력 1호기를 건설한다. 현재까지 국내 20기의 원자력 발전소 중 12기를 현대건설에서 시공했다.

1960년대 중반 대한민국 최초로 해외 진출을 통해 다양한 프로젝트를 수주하며 글로벌 시공 능력까지 인정받았다. 60년대 베트남, 70년대 중동, 90년대 들어서는 세계 각지에서 플랜트 공사를 진행하며 명실상부한 대한민국 대표 건설사로 자리 잡았다.

다음 차트에서 알 수 있듯이 현대건설은 2000년대 초 IT 버블로 인한 금융위기를 극복하고 2007년까지 지속적인 성장세를 보여왔다. 안타까운 점은 2007~2008년 미국 모기지발 금융위기 이후 하락 횡보를 보여주고 있다는 점이다. 이와 같은 현상은 당분간 지속될 것으로 보인다. 국내 경제 상황이나 부동산 경기가 지지부진한 모습을 보

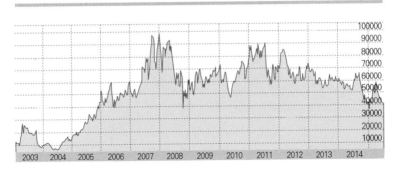

출처 : 야후 파이낸스

이고 있으며 국제 경제 또한 불확실성이 강해지고 있기 때문이다. 아마 지금과 같은 상황에서 현대건설 등 건설주에 투자하고자 하는 사람은 많지 않을 것이다.

그렇다면 하락 횡보하고 있는 한국의 현대건설에 투자할 것인가? 최근 급등한 일본의 시미즈건설에 투자해야 할 것인가?

정답은 둘 다 아닌 바로 인도네시아에 있다.

인도네시아
대표 건설 종목

인도네시아의 건설 산업 전망

인도네시아의 수도 자카르타에서 거주해본 경험이 있는 분들은 누구나 겪었을 법한 사건은 무엇일까?

1. 갑작스러운 정전으로 모든 활동이 중단됨

2. 우기에 홍수로 인해 모든 활동이 중단됨

3. 수돗물에서 석회질 물이 나와 생수로 양치하는 상황

4. 출퇴근 교통 체증이 너무 심해 걸어서 10분 거리를 2시간 걸림

아마 1년 이상 자카르타에 거주했던 분들이라면 누구나 "모두다."라고 대답할 것이다. 필자 또한 위와 같은 상황을 자주 접했다. 최근 인

도네시아로 다양한 종류의 생산기지가 이전해오고, 다국적 회사의 진출로 전력 소비는 급증했다. 그러나 이를 받쳐줄 인프라는 아직 미비한 상황이다.

트랜스 자카르타라는 대중교통을 운영 중에 있으나 중하위 소득계층만 활용하고 있으며 인도네시아 최초의 MRTMass Rapid Transit, 도시 철도는 JAICA일본 국제협력 사업단의 지원을 받아 이제 건설 중에 있다. 생활하수는 그대로 하천으로 흘러 들어가고, 이 하천 물을 다시 길러다 변변치 못한 시설로 정수해 생활용수로 활용하고 있다. 비가 오면 도로는 주차장이 되어 30분 걸리던 거리를 7시간 동안 헤매기도 한다.

이런 사례는 실제 자카르타에서 지금도 발생하고 있는 일상들이다. 그렇다면 최초 문민정부인 조코위 정부에서는 이런 국가 인프라를 어떻게 구축해나갈 것인지 궁금하다.

아래 표는 인도네시아의 국가발전계획추진처Kementerian PPN/Bappenas 에서 나온 2015년 자료다. 2014년 당선된 조코위 정부가 발표한 중기

인도네시아 중기발전 계획(RPJMN) 2015~2019년 타깃

1. 100% 발전률 확보(2014, 81.4%) 2. 100% 식수 공급망 확보(2014, 68.5%) 3. 100% 정수장 확보(2014, 60.5%)	4. 100% 안정적인 국가도로 확보(2014, 94%) 5. 물류비 20%로 감축(2014, 27%) 6. 대중교통 점유율 32%로 증대(2014, 23%)

출처 : 인도네시아 국가발전계획추진처, 2015년

발전 계획의 핵심이 모두 담겨 있다.

인도네시아는 현재 국가 주도하의 인프라 투자를 통해 사회기반 시설 확보에 열을 올리고 있다. 이미 1개의 도로, 1개의 항구, 1개의 철도, 9개의 유료도로, 6개의 상하수도 시설, 3개의 발전소 건설 프로젝트가 진행 중이거나 수행사가 선정되었다.

이는 일부분에 불과하며 향후 인프라 투자 확대를 천명한 정부의 의지에 따라 지속적으로 프로젝트가 진행될 예정이다.

인프라 관련 프로젝트에 투자하는 데에는 정부의 비용이 투입되어야 한다. 최근 연료보조금BBM 삭감을 추진한 것이 바로 이 인프라에 대한 투자를 확대하기 위해서다. 연료보조금 삭감을 통해 약 20조 원가량의 세수를 확보했다. 이 중 10조 원가량을 인프라 투자에 활용하겠다고 정부는 밝혔다. 이로 인해 기존 19조 원가량의 인프라 개발비에서 50% 급증한 28조 원가량이 인프라에 투자될 예정이다.

이러한 국가 주도하의 개발은 우리도 이미 경험한 바 있다. 말도 많고 탈도 많았지만 판교가 그러했고, 세종시가 그러했다. 과거에는 정부 주도하의 대규모 인프라 투자를 통해 대한민국이 급성장하는 계기가 되었다.

이런 인프라 개발을 주도하는 것이 바로 인도네시아의 국영 건설사들이다. 우리가 지금 인도네시아 인프라 투자에 동참해야 하는 이유다. 인도네시아에 투자한 나의 자본금은 향후 10~20년 동안 인도네시아 성장의 자양분이 되고 결국 경이로운 수익률로 보답할 것이다.

인도네시아의 대표 국영 건설사

회사명	종목 코드	Q1 PER				세부 업종
		2015	2014	2013	2012	
ADHI Karya	ADHI	129.4	83.1	121.1	64.3	건설, 철도
PP Persero	PTPP	49.1	36.1	33.3	26.3	건설, 항만
Waskita Karya	WSKT	362	270	321.4	N/A	건설, 토목
Wijaya Karya	WIKA	87.2	21.9	19.7	14.4	건설, 산업건설

출처 : 각 회사

인도네시아에는 대표적으로 4개의 국영 건설사가 존재한다. 대부분이 인프라 관련 사업을 주로 담당하고 있으며, 세부 업종에 메인 아이템을 함께 선정해 표기해두었다. 이들의 시가총액은 수시로 엎치락뒤치락하며 변동되므로 누가 1순위 기업인지 언급하는 것은 큰 의미가 없다. 2014년까지는 기존 위자야 까랴WIKA가 시가액 기준 1위였으나 최근 뻬뻬PTPP와 와스끼따 까랴WSKT의 급등으로 4개 회사 중 3위로 밀린 상황이다.

와스끼따 까랴는 상하수도 관련 사업을 통해, 뻬뻬는 항구 개발을 통해 매출액 및 순수익이 증가하였다. 일전에 아디까랴ADHI의 경우는 자카르타 모노레일 대중교통 사업을 진행 중이었으나 지속되는 자금난 및 건설 일정 지연으로 2015년 조코위 정부에 의해 취소되었다. 대신 위자야 까랴의 경우는 최대 국영 건설사에서 최근 많이 밀리는 모습을 보이고 있다. 이는 2013년 말부터 자카르타 MRT 사업 수주로 인한 기대감에 주가가 너무 많이 오른 부담감의 작용으로 보인다.

그렇다면 필자가 추천하는 종목은 과연 어떤 국영 건설사일까?

이 종목만은
반드시 투자하라

– 뻬뻬(PP Persero, 종목코드 : PTPP)

세상에서 섬이 가장 많은 나라 인도네시아

18,000여 개의 섬으로 이루어져 있는 인도네시아는 세상에서 가장 많은 섬이 있는 나라다. 이 숫자 또한 명확한 파악이 어려워 조사기관마다 다른 실정이다. 이렇게 많은 섬으로 이루어진 나라이기 때문에 섬마다 다른 문화와 생활 습관을 꽃피어 왔다.

과거 인도네시아는 하나의 국가라기보다 각 종족이 따로 통치하는 형태를 갖추고 있었다. 이렇게 다양한 문화가 꽃피고 자치가 잘 운영되던 섬나라 인도네시아는 현대사회로 넘어오면서 어려움에 직면했다.

수많은 섬으로 이루어져 있어 통신, 도로, 철도 등 인프라 개발을 통한 전 국토 연결이 불가능하다. 섬을 잇는 데에는 막대한 자본이 필요하고 도로나 철도로 연결이 불가능한 곳은 항구나 공항이 필요하다.

때문에 국가 주도의 강력한 인프라 투자가 필요할 수밖에 없다.

국가에서 시행하는 인프라 건설이 급증하고 있는 인도네시아에서 인프라 사업에 중점을 두고 있는 회사에 투자해야 한다. 특히 섬이 무수히 많은 인도네시아는 항만이 발달할 수밖에 없는 구조다.

또한 인도네시아는 인도양과 태평양을 잇는 위치에 있어 오래전부터 해상 무역의 요충지였다. 그래서 인도네시아의 왕조 또한 해상 세력에 의해 발생되었다. 최초의 왕조는 인도계 이주민들이 중심이 되어 수마트라의 빨렘방을 중심으로 번영을 누렸던 스리비자야7~14세기다.

이 나라는 특히 강력한 해상세력을 형성하여 수마트라, 자바 서부, 말레이 반도의 대부분을 손에 넣었으며 남중국해 무역의 중심지로서 막강한 부를 자랑하는 국가로 발전하였다. 이러한 지리적 이점 때문에 다양한 외세의 침략 또한 받아 왔다.

과거 포르투갈은 인도네시아의 진주라 불리는 암본을 차지하고 향료 무역권을 독점하였다. 그러나 식민지 정책에 서툴렀던 포르투갈은 네덜란드에게 동인도 및 인도네시아 주변 지역의 해상권을 빼앗겼다. 이때를 전후하여 이곳으로 진출해온 영국인과 격렬한 싸움을 벌였다.

17세기 초 네덜란드의 쿤은 자카르타에서 영국 세력을 몰아내고 식민지를 건설하여 자바섬에 네덜란드 세력을 심었다. 이때부터 네덜란드의 인도네시아 식민 지배가 1956년 2월 자주독립국 선언 이전까지 약 350년간이나 지속되었다. 아직도 인도네시아에는 네덜란드 양식의 건물들이 아직도 많이 남아 있다. 문화 또한 유럽식 사고방식과 문화가 좀 더 널리 퍼져 있다.

이처럼 인도양과 태평양을 잇는 전략적 요충지이자 무수히 많은 섬으로 이루어진 인도네시아는 해상 인프라의 개발이 필연적이다. 따라서 다양한 인프라 개발 관련 건설사 중에서도 장기적인 투자 대상으로 뻬뻬를 추천한다. 항만 시공 경험이라는 것은 타 건설사에서 따라 하기 쉽지 않기 때문이다.

인프라 투자와 함께 성장할 King of Port, PTPP에 투자하자

뻬떼뻬뻬이하 뻬뻬, PTPP는 인도네시아의 국영 건설사 중 항만 관련 사업이 특화되어 있는 회사다. 1953년 뻬브이 뿜방운안 뻬루마한PV

Pembangunan Perumahan이라는 이름으로 설립된 이 회사는 1960년 뻬엔 쁨방운안 뻐루마한PN Pembangunan Perumahan 이라는 이름을 거쳐, 1971 년 현재의 뻬떼 쁨방운안 뻐루마한PT Pembangunan Perumahan으로 명칭 이 바뀌었다.

뻬뻬는 현재 빌딩·도로·대교·항만 등 건설 분야와 발전소·자원 등 의 EPC 부문, 주거용·상업용 건물·호텔 등의 부동산 영역, 인프라에 대한 투자 영역, 기타 장비 산업 등 다양한 분야의 사업을 영위하고 있다. 정부 시행령에 의거 2009년 12월 증시 상장을 추진해 2010년 2 월 9일부터 자카르타 종합 증시에 편입되었다.

특히 2012년 8조 2천억 루피아한화 8,000억 원 규모의 딴중쁘리옥 항만 건설이라는 메가 프로젝트를 수주하며 항만 전문 건설사로 자리매김 하였다. 당해 매출의 43.1%가 바로 이 항만 건설이 차지할 정도로 상 상하기 힘든 엄청난 규모의 프로젝트였다. 이때부터 매출액은 매년 30% 이상 상승해왔으며 주가 또한 급등하기 시작했다.

2012년 항만 개발에서 차지하는 비중 급증과 건설, EPC 등의 분야 또한 매출이 급증하고 있다.

딴중쁘리옥의 깔리바루Kalibaru 터미널 개발은 인도네시아 경제개발 확장 가속 마스터플랜Master Plan for the Acceleration and Expansion of Indonesian Economic Development, 이하 MP3EI, 2011~2025년의 일환으로 추진 중에 있다.

인도네시아는 인도양과 대서양을 잇는 전략적 해상 요충지로서 과 거부터 무역업이 발달할 수밖에 없는 구조다. 기존의 딴중쁘리옥 항구는 2015년까지 그 한계 수요에 다다를 예정이다. 현재 건설 중인 깔리바루 터미널 1이 완성되면 현재 800만TEU_{TEU : 20ft 컨테이너 박스 1개를 나타내는 단위} 수준에서 1,250만TEU로 수용률이 상승하게 된다.

2030년 모든 단계의 개발이 완료되면 약 2,000~2,200만TEU 수준으로 증가한다. 현재 딴중쁘리옥의 컨테이너 트래픽은 연평균 5.5% 상승하고 있어 2016년 예상 물량이 700만TEU 수준이기 때문에 항구 개발은 필연적일 수밖에 없다.

딴중쁘리옥 항구의 개발은 2단계에 걸쳐 진행될 예정이다. 각 150만TEU를 수용할 수 있는 3개의 컨테이너 터미널과 2개의 프로덕트 터미널_{Oil&Gas}, 총 5개의 터미널이 2018년까지 완공된다. 이후 2020년까지 각 200만TEU를 수용할 수 있는 4개의 컨테이너 터미널이 추가로 건설될 계획이다.

국가적인 메가 프로젝트로 터미널 접근 도로에 대한 도로 확장 개선 작업과 추가 신규 개발 또한 진행될 예정이다. 현재 인도네시아는 지리적 이점을 최대한 활용할 수 있는 것이 바로 이 해상교역이며 이를 통해 아세안의 중심으로 거듭나고자 하고 있는 것이다.

딴중쁘리옥 항만 개발을 통해 취하고자 하는 이점들은 다음과 같다.

1. 항구 수용력의 증가로 컨테이너 트래픽을 향상한다.
2. 컨테이너 트래픽 증가를 통해 빠르고 정확한 서비스를 제공하고 인도네시아를 항만 허브로 만든다.

3. 프로덕트 터미널 개발로 1,000만m³ 수용력 향상을 통해 에너지 자원인 오일, 가스의 내수 및 수출을 위한 저장 기지를 확보한다.

4. 해양 산업, 항만 관련 외국인 투자 유치를 확대한다.

5. 물류비 감소를 통해 국가 경쟁력을 강화한다(현재 시간당 9~10개 컨테이너 박스 처리에서 향후 30개 컨테이너 박스 처리로 증가, 대기 시간 60~70% 감소 예정).

6. 항만 주변 지역의 일자리를 창출한다.

7. 현재의 항만 운영뿐만 아니라 터미널 운영, 연관 산업, 물류 산업 등의 발전을 통해 일자리 확대를 꾀한다.

8. 항만 개발을 통해 항구를 이용하는 고객의 만족도를 극대화한다.

9. 인프라에 대한 투자를 통해 장기적으로 비효율적으로 지출되던 정부의 물류 관련 예산 지출을 절약한다.

10. 항만 진입 구간의 추가 개발을 통해 항구 주변 접근성을 높인다.

11. 항만 산업 부흥을 통해 지역 가치를 증대시킨다.

12. 항구와 산업지역 간의 적절한 접근로 개발을 통해 딴중쁘리옥 항구의 이미지를 개선하고 거래 확대를 유도한다.

출처 : PPI(PT Pengembang Pelabuhan Indonesia)

인도네시아의 향후 발전 계획은 물류 중심지로 성장하는 것이다. 그렇다면 인도네시아의 성장에 투자하는 가장 대표적인 종목이 바로 뻬뻬가 되지 않겠는가?

항만 이야기는 이쯤 하고 뻬뻬에 대해 알아보도록 하겠다. 다음 표와 같이 2014년 뻬뻬는 정부, SOE국영 기업, 사기업 등 다양한 주체로부터의 프로젝트를 고루 수주했다.

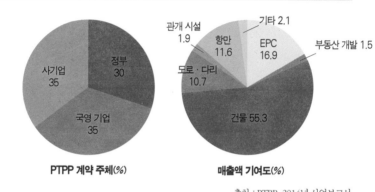

PTPP 계약 주체(%) / 매출액 기여도(%)

사기업 35 / 정부 30 / 국영 기업 35

관개 시설 1.9 / 항만 11.6 / 도로·다리 10.7 / 기타 2.1 / EPC 16.9 / 부동산 개발 1.5 / 건물 55.3

출처 : PTPP, 2014년 사업보고서

매출액 기여도를 살펴보면 항만 부문이 11.6%로 2012년에 비해 현저히 줄어든 것으로 보인다. 다만 이는 착시 효과로써 타 사업 매출액이 급증함에 따라 항만이 차지하는 비중만 줄어든 것이다.

다음 그래프를 보면 2014년까지 항만에서 발생하는 매출액이 증가한 것을 알 수 있다. 바로 이 점이 필자가 뻬뻬를 적극 추천하는 이유 중 하나다. King of Port라고 불릴 정도로 항만 사업에서 40% 이상의 점유율을 보이고 있고, 그 외 전통 건설 분야 또한 지속적인 성장세를 보이고 있기 때문이다.

딴중쁘리옥 개발은 향후 2020년까지 약 2조 원이 추가 투입될 예정

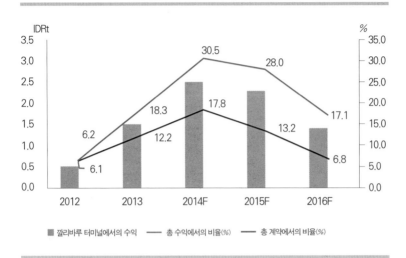

IDRt

30.5

28.0

18.3   17.8

6.2   13.2

12.2   17.1

6.1   6.8

%

35.0
30.0
25.0
20.0
15.0
10.0
5.0
0.0

2012   2013   2014F   2015F   2016F

■ 깔리바루 터미널에서의 수익   ── 총 수익에서의 비율(%)   ── 총 계약에서의 비율(%)

이어서 이때까지 삐삐의 일정 수익이 보장되어 있다. 향후 다른 지역의 크고 작은 항만 개발 프로젝트의 우선 협상 대상자로 선정될 가능성도 가장 높다. 섬으로 이루어진 나라에서 항만 개발은 필연적이고 그러한 개발 계획의 중심에 삐삐가 있는 것이다.

현재 24개의 새로운 항구 개발 프로젝트가 대기 중이다. 당신이 성장하는 인도네시아에 투자한다면 항만 인프라 투자가 정답이다.

P VISTA CIVETS MAVINS MIKT TIMBIS VIP VISTA CIVETS MAVINS MIKT TIMBISVIP VISTA CIVETS
AVINS MIKT TIMBISVIP VISTA CIVETS MAVINS MIKT TIMBISVIP VISTA CIVETS MAVINS MIKT
MBISVIP VISTA CIVETS MAVINS MIKT TIMBISVIP VISTA CIVETS MAVINS MIKT TIMBISVIP VISTA
VETS MAVINS MIKT TIMBISVIP VISTA CIVETS MAVINS MIKT TIMBISVIP VISTA CIVETS MAVINS
KT TIMBISVIP VISTA CIVETS MAVINS MIKT TIMBISVIP VISTA CIVETS MAVINS MIKT TIMBISVIP
STA CIVETS MAVINS MIKT TIMBISVIP VISTA CIVETS MAVINS MIKT TIMBISVIP VISTA CIVETS
AVINS MIKT TIMBISVIP VISTA CIVETS M   T TIMBISVIP VISTA CIVETS MAVINS MIKT
MBISVIP VISTA CIVETS MAVINS MIKT   CIVETS MAVINS MIKT TIMBISVIP VISTA
VETS MAVINS MIKT TIMBISVIP   TIMBISVIP VISTA CIVETS MAVINS
KT TIMBISVIP VISTA CIVET   ETS MAVINS MIKT TIMBISVIP
STA CIVETS MAVINS M   TIMBISVIP VISTA CIVETS
AVINS MIKT TIMB   IVETS MAVINS MIKT
MBISVIP VISTA   TIMBISVIP VISTA
VETS MAV   ETS MAVINS
KT TIMBIS   T TIMBISVIP
STA CIVET   ISTA CIVETS
AVINS MII   AVINS MIKT
MBISVIP V   BISVIP VISTA
VETS MAV   ETS MAVINS
KT TIMBIS   T TIMBISVIP
STA CIVET   STA CIVETS
AVINS MII   AVINS MIKT
MBISVIP V   BISVIP VISTA
VETS MAV   ETS MAVINS
KT TIMBIS   T TIMBISVIP

5장

금융 시장 개방
이제 시작이다, '금융'

과거 일본과
한국은 어떠했을까?

　우리나라의 은행 산업은 1980년대 고도 성장기에 실물경제 수준의 고도 성장을 경험하지 못한 채 1990년대를 맞았다. 그리고 1990년대 중반 세계화의 기치 아래 해외 진출을 추구했지만, 1997년 외환위기로 수많은 은행이 위기를 맞아 합병을 당하거나 해외 자본에 매각되는 상황까지 경험했다. 2000년대에 들어 가까스로 위기를 벗어나는가 싶었는데, 2008년 미국 리먼브라더스 사태와 2011년 유럽위기가 연달아 발생하며 다시 한 번 좌절을 겪었다.

　삼성, 엘지, 현대 등이 글로벌 기업으로 변신하는 동안 국내 금융 산업은 초라하기 짝이 없는 수준으로 전락했다. 지금 우리나라 은행 산업의 현실은 싱가포르, 홍콩, 말레이시아 등이 국제 금융의 중심으로 성장하면서 상대적인 박탈감마저 느끼고 있다. 국가 경제가 발전하면서 함께 성장하는 산업이 바로 금융 산업이다. 국가 발전 과정에 따라 인프라에 대한 투자, 신규 사업에 진출하는 회사에 대한 재정적 지원 등을 통해 실물경제와 함께 성장하는 것이다.

이에 한국보다 먼저 성장을 구가한 일본 대표 종목의 경우를 먼저 살펴보자. 금융 산업은 인수 합병을 통해 그 규모 및 순위가 급변한다. 따라서 현재를 기준으로 가장 큰 일본 금융 그룹을 소개한다.

일본의 상위 5개 은행

순위	은행	기본자본 (백만 달러)	자산 (백만 달러)	세전 이익 (백만 달러)	자본 이익률 (%)	자산 수익률 (%)
1	Mitsubishi UFJ Financial Group	129,576	2,709,402	15,641.70	12.07	0.58
2	Sumitomo Mitsui Financial Group	78,902	1,718,045	12,293.85	15.58	0.72
3	Mizuho Financial Group	74,956	2,049,810	8,293.84	11.07	0.40
4	Norinchukin Bank	52,193	941,615	1,177.71	2.26	0.13
5	Nomura Holdings	24,194	438,388	2,746.74	11.35	0.63

출처 : 더 뱅커

현재 일본의 총 운영자산과 시가총액 기준 1위 금융 그룹은 미쯔비시 UFJ 파이낸셜 그룹Mitsubishi UFJ Financial Group이다. 특히 미쯔비시 UFJ 파이낸셜 그룹은 예금 규모 대비 글로벌 6위, 대출 규모 7위 회사다. 2008년 금융위기 당시 미국의 모건스탠리에 90억 달러를 투자해 지분을 보유하고 있을 정도로 글로벌 입지가 강력하다. 현재 시가총액 127조 원 정도로 우리나라의 시가총액 1위 삼성전자 다음가는 규모다.

아래의 주가 정보를 보면 2005년부터의 정보만 나와 있다. 이는 미쯔비시 UFJ 파이낸셜 그룹이 미쯔비시 도쿄 파이낸셜 그룹과 UFJ 홀딩스를 합병하면서 새롭게 주식이 발행되었기 때문이다. 합병 이슈로 상승하던 주가는 2007년을 정점으로 2008년 미국발 금융위기 이후 하락세를 면치 못하고 있다.

아마 2012년 최저점에 구매했더라면 100% 이상의 수익이 났을 것

미쯔비시 UFJ 파이낸셜 그룹

TYO:8306 - 8.11. 오후 3:00 GMT+9

891.60 ↑2.50(0.28%)

| 1일 | 5일 | 1개월 | 3개월 | 1년 | 5년 | 최대 |

시가 899.00
최고 901.90
최저 887.20

시가총액 12.71조 원
주가수익률 12.23
배당수익률 2.02%

출처 : 구글 파이낸스

이다. 하지만 그 당시 잃어버린 20년을 보내고 있던 일본 주식 시장에 투자할 만한 용기를 가진 사람을 찾기란 쉽지 않다. 지금은 아베 정권의 무한 돈 풀기로 인해 엔화 가치가 하락하고 이에 따른 가격 경쟁력 확보로 수출 증가 → 기업 매출 증가 → 매출 증가한 기업의 재투자 증가 → 경제 활성화의 과정을 거치면서 경제가 조금씩 살아나는 기미를 보이고 있다.

이러한 정책에 힘입어 미쯔비시 UFJ 파이낸셜 그룹의 매출액도 급증하며 다시 상승세를 보이고 있다. 아베 정권의 이러한 경제 정책이 아니었다면 과연 이만큼 상승세를 보일 수 있을까?

그래프를 보면 급성장하던 경제에 힘입어 일본의 예금 및 대출 증가율은 급증했으나, 1990년대부터 예금 및 대출 상승세가 서서히 둔화

일본 은행의 예금 및 대출 증가율

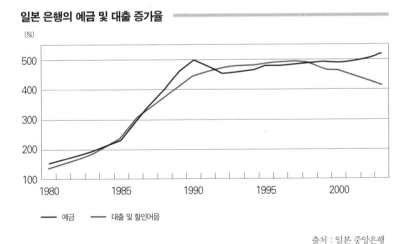

출처 : 일본 중앙은행

되는 것을 알 수 있다. 특히 잃어버린 10년이 지난 후 경제가 다시 살아날 것이라는 희망까지 잃어버리며 대출은 급감, 예금은 급증하는 현상이 뚜렷하다.

이런 현상은 기본적으로 예금을 받아 기업, 기관, 개인 등에게 대출해주어 수익을 얻는 예대마진 수익률에 악영향을 미친다. 최근까지 이런 현상이 지속되다가 2014년부터 진행된 아베 정부의 금리인하를 통해 무한 양적완화 정책에 힘입어 다시 기업 투자 및 대출이 서서히 증가하고 있다.

그래도 일본 금융사는 그 규모가 글로벌 수준으로 거대한데다 실제 영업망 또한 전 세계 곳곳에 펼쳐 있어 해외 인프라 개발, 해외 투자 등 다양한 수익 사업을 펼치고 있다.

하지만 한국은 글로벌 금융사로 도약하기까지는 아직 여러 면에서 어려움이 많다. 또한 제대로 된 해외 사업을 영위하고 있는 금융사보다는 국내에서 밥그릇 싸움에 열을 올리고 있는 회사들이 더 많다. 더군다나 일본과 같은 잃어버린 20년이 한국에도 올 것이라는 예측들이 나오고 있는 상황에서 한국 금융에 투자하기란 쉽지만은 않다. 적어도 필자는 한국 금융 산업에 장기 투자할 생각은 당분간 없다.

그렇다면 한국의 대표 금융사 및 금융 산업은 어떻게 발전해왔을까?

올해 7월 발표한 〈더 뱅커〉에 따르면 우리나라 은행 중 우량자본 기준으로 100위 안에 드는 회사가 6개에 불과하다. 중국공상은행이 3

년 연속 글로벌 1위, 중국건설은행이 2위, 중국은행이 4위를 차지하는 상황에서 대부분의 국내 은행들은 글로벌 수준에 미치지 못한 것이 현실이다. 자산 규모나 시가총액으로 따지자면 아직도 우리나라 은행 순위는 국내에서만 엎치락뒤치락하고 있다.

향후 우리은행의 민영화 문제도 있고 계속 변할 것이기 때문에 순위를 이야기하는 것은 무의미하다. 따라서 이 책에서는 상장사 중 가장 오래된 역사를 가지고 있고, 현재 시가총액이 가장 큰 신한지주를 기준으로 이야기한다.

1897년 2월 한성은행이 설립되었다. 이후 1903년 일본 자본을 바탕으로 공립은행이 되었다. 지금도 재일교포 지분율이 20% 이상으로 재일교포 자본이 막강한 영향력을 발휘하고 있는 이유이기도 하다. 1943년 한성은행과 동일은행이 합병해 조흥은행이 되었으며 1956년 3월에 증권거래소에 상장, 1979년 대한민국 최초 ATM기 도입, 한국 기네스협회로부터 대한민국의 가장 오래된 은행 인증을 받으며 은행 산업 발전의 산증인이라고 할 수 있다. 2003년에는 신한금융지주에 편입되었다.

1997년 외환위기로 대부분의 산업이 구조조정을 거쳤고 이때 많은 금융사들 또한 인수, 합병을 통해 덩치를 키웠다. 이후 2000년대 초반부터 국내 제조업의 활황으로 금융 산업 또한 급격한 성장을 이룩했다.

신한은행 또한 2000년부터 2008년 미국발 위기가 오기까지 지속적

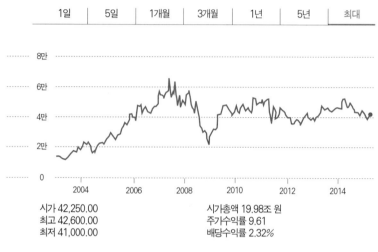

신한지주

KRX:055550 - 8.13. 오후 3:00 GMT+9

41,000.00 ↓ (0.00%)

| 1일 | 5일 | 1개월 | 3개월 | 1년 | 5년 | 최대 |

시가 42,250.00
최고 42,600.00
최저 41,000.00

시가총액 19.98조 원
주가수익률 9.61
배당수익률 2.32%

출처 : 구글 파이낸스

인 성장을 거듭했다. 많은 은행들이 이때 외형적인 성장을 이룩했으나 글로벌 경쟁력은 갖추지 못한 것으로 보인다.

같은 기간 일본과 중국 은행들은 글로벌 금융사로 성장해 동남아, 아프리카 등에서 인프라 시장을 선점하고 자국 기업의 해외 진출을 돕는 역할을 해왔다. 홍콩, 싱가포르가 도시국가로서 금융 산업을 육성해 아시아 금융의 중심으로 성장했고, 말레이시아가 이슬람 금융의 중심지로 성장했다. 이렇게 아시아 시장이 글로벌 금융 시장의 중심이 되어가는 동안 우리나라는 국내 시장점유율 뺏기에 급급했다.

2008년 금융위기 이후 급락했던 주가는 현재 회복세를 보이고 있으나 아직까지 이렇다 할 성과를 보여주지 못하고 있다.

필자가 국내 금융 산업 수준을 낮게 보는 가장 큰 이유는 해외 진출에 아직도 소극적이라는 점 때문이다. 지금은 국내 금융사 또한 해외 진출에 많은 관심을 보이고 있지만 아직까지 주목할 만한 성과는 없다. 규모나 적극성 면에서 중국, 일본의 은행과는 차원이 다르기 때문이다.

또 다른 이유는 국내 금융 산업은 글로벌 핀테크 산업에서 멀리 뒤처져 있다. 기술 수준은 이미 수준급이지만 정부의 각종 규제와 대기업 중심의 산업 구조로 인해, 필자가 생각하는 전망은 밝지 않다.

마지막으로 산업과 함께 성장한다는 기본 정신이 부족하다. 최근 불거진 조선업 불황으로 국내 은행들은 너도나도 제 몸 사리기에 나섰다. 국내 대형 조선 3사가 자체적으로 구조조정을 나선 가운데 은행의 조선 업종 익스포저 축소 움직임을 보이고 있다. 그렇지 않아도 어려운 조선 업종에 '비올 때 우산 뺏기'식 영업을 한다는 말이 나오고 있다. 일시적인 유동성이 아닌 장기적으로 조선 업종의 경쟁력이 떨어지고 있다고 판단한 것이다. 이 틈을 타 중국의 조선사들이 중국 금융기관의 전폭적인 지원을 통해 급성장하고 있다.

여러 가지를 언급했지만 국내 금융 산업의 성장 가능성이 낮다는 게 필자의 결론이다.

국내 핀테크 산업에도 두각을 나타내고 있지 못하며, 글로벌 시장에서도 큰 힘을 발휘하지 못하는 국내 금융 산업에 투자할 필요가 있을까? 이제 급성장하고 있는 타국의 산업 발전에 근간이 될 금융 산업에 투자하는 것이 옳은 선택이 아닐까?

인도네시아
대표 금융 종목

인도네시아의 은행 산업 전망

골드만삭스가 분석한 2015년 2분기 보고서에는 당분간 글로벌 경기 둔화에 따른 전 세계의 금융 산업 침체를 예상하고 있다. 하지만 예외인 한 국가로 인도네시아를 꼽고 있다. 그 이유가 바로 인도네시아의 낮은 대출 수준 때문이다.

실제로 필자가 인도네시아에 거주하면서 느꼈던 점이다. 중산층 이하는 아직 대출이라는 제도에 대해 생소하게 생각했다. 특히 주택자금 대출 등과 같은 제도가 한창 활성화되고 있었지만 자카르타의 아파트 가격을 생각해보면 월 30~40만 원을 받는 월급쟁이들이 대출을 끼고 살 수 있을 만한 사정이 못되었다. 자카르타의 아파트 가격이 1~2억 원을 호가하고 가격이 높은 지역은 한국의 고급 아파트와 맞

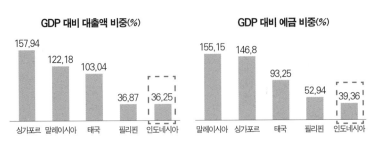

GDP 대비 대출액 비중(%)

157,94 122,18 103,04 36,87 36,25

싱가포르 말레이시아 태국 필리핀 인도네시아

GDP 대비 예금 비중(%)

155,15 146,8 93,25 52,94 39,36

말레이시아 싱가포르 태국 필리핀 인도네시아

출처 : 인도네시아 중앙은행, IMF

먹는 가격이었기 때문이다.

이 같은 현실은 위 그래프에서 확인할 수 있다. 2013년 기준 GDP 대비 대출액 비중이 36.25% 정도로 아세안 Top 5 중 가장 낮은 수준이다. 예금 비율 또한 39.36%로 가장 낮은 수준을 보이고 있다. 이는 국가 경제 규모에 비해 턱없이 낮은 수치다.

필자는 못해도 필리핀과 태국 정도의 수준은 되어야 한다고 생각한다. 아직까지 자카르타 및 대도시의 물가에 비해 임금 수준이 턱없이 낮다. 소득에 비해 지출이 많기 때문에 저축할 만한 여유가 없는 것이다.

최근 인도네시아는 지속적인 임금 인상 정책을 펴고 있다. 당분간 물가 수준에 맞추어 매년 10~15% 정도는 임금이 인상될 것으로 예상한다. 이렇게 임금 수준이 높아지면 당연히 예금, 적금, 대출 등 은행 서비스에 대한 이용이 많아지기 시작한다.

뿐만 아니라 인도네시아에는 특이한 금융제도가 있다. 바로 이슬람 신도를 위한 샤리아 금융이다. 간단히 설명하자면 이슬람 금융은 이슬람 율법에서 허용하는 테두리, 즉 샤리아이슬람 율법 체계 안에서만 투자 활동이 가능하다. 모든 사업이 이슬람 법학자들로 구성된 샤리아위원회에서 승인을 받아야 사업 가능한 구조이며, 근본적으로 대출 이자 사업을 금지하고 있다.

이에 따라 이슬람 율법에 맞는 다양한 금융상품을 출시하고 있다. 자산을 투자한 투자자는 동업자가 되어 이익을 공유한다는 개념의 상품들이라고 생각하면 된다. 이슬람 금융에 대한 방대한 내용을 모두 소개할 수 없어 이 정도만 소개하겠다.

전 세계 이슬람 국가의 이슬람 금융 규모 비교(2013~2014)

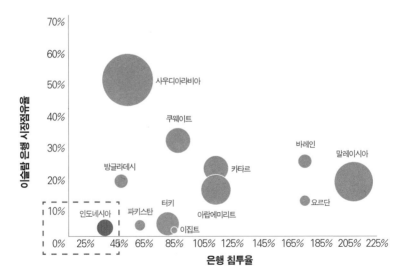

출처 : 인도네시아 금융재정청

인도네시아의 대표 은행

회사명	종목 코드	Q1 PER				구분
		2015	2014	2013	2012	
Bank Central Asia	BBCA	22.5	17.8	24.2	21.1	민영
Bank Rakyat Indonesia	BBRI	13.3	9.9	10.3	9.8	국영
Bank Mandiri	BMRI	14.2	11.2	13.6	11.7	국영
Bank Negara Indonesia	BBNI	12	9.7	11.4	12	국영

출처 : 각 은행

인도네시아의 현재 이슬람 금융 규모는 이제 초기 단계다. 여기서 주목해야 할 점은 2억 5천 명이나 되는 인도네시아 인구의 87%가 이슬람을 종교로 갖고 있다는 것이다. 현재 이슬람 금융이 말레이시아를 이슬람 금융의 중심지로 삼아 약진하고 있는 상황이다.

세계 최대 이슬람 인구를 보유하고 있고, 아세안 최대 경제권을 형성하고 있는 인도네시아는 향후 최대 이슬람 금융국가로 성장할 잠재력을 가지고 있다. 더불어 정부의 이슬람 금융 지원 정책에 힘입어 세계 최대의 이슬람 채권 시장을 형성할 것으로 필자는 예상한다.

위 표의 종목이 바로 인도네시아 4대 은행이다. 사실 1위 BCA은행 BBCA이 32조 원, 2위 BRI은행BBRI이 25조 원, 만디리은행BMRI 20조 원, BNI은행BBNI이 8조 원 정도로 인도네시아에는 BNI은행을 제외한 3대 은행이 있다고 생각해도 좋다.

인도네시아 은행 Top 4 중에서 3개가 국영 은행일 정도로 국영 은행의 비율이 높다. 한국 또한 국영 은행이 민영화가 되는 과정을 거쳤던 과거를 상기해보면 인도네시아 또한 국영 은행의 민영화가 진행되지 않을까 예상할 수 있다.

과거 만디리은행이 독보적인 1위를 유지했으나 2012년 BCA은행으로부터 1위를 빼앗겼다. 이후 최근 BRI은행에 시가총액 2위 자리까지 빼앗기며 3위로 내려앉게 된다.

이처럼 BCA은행과 BRI은행이 지속적인 성장세를 보이며 급등하는 이유가 있을 것이다. 특히 필자는 BCA은행이 정말 잘하고 있다는 것을 많이 느꼈다. 어느 지역에 가도 촘촘하게 깔려 있는 영업망이 바로 BCA은행의 지금을 만들지 않았나 생각한다. 이런 탁월한 영업력과 민영 은행의 투명성에 대한 기대까지 반영되어 최근 BCA은행의 외국인 지분 비율이 지속적으로 확대되고 있다.

오너의 우호 지분을 제외하고 공개된 지분의 44%가 외국인 지분으로 은행 업종에서 가장 높은 비율을 차지한다. 더군다나 이러한 지분은 2008년과 2011년 글로벌 금융위기, 최근 위안화 절하 등의 충격에도 변함없이 유지되고 있다는 점에 주목할 만하다.

다음 장에서 BCA은행의 향후 성장 가능성을 점검해보자.

이 **종목**만은
반드시 투자하라

- BCA은행(Bank Central Asia, 종목코드 : BBCA)

최근 우리나라의 은행들은 동남아시아 시장, 특히 인도네시아 진출에 열을 올리고 있다. 성장 가능성이 높은 아세안 지역의 금융 산업을 선점하기 위해서다.

우리은행은 2012년 인도네시아 현지 은행 소다라은행의 지분 33%를 취득하며 진출했다. 하나은행 또한 일찌감치 2007년에 현지 은행을 인수하여 인도네시아에 진출했다. 2014년 3월에는 인도네시아 외환은행과의 법인 통합을 완료하여 명실상부한 현지 한국계 최대·최고 은행으로 발돋움하고 있다. 기업은행 또한 2012년 당시 현지 국영은행 2위, 전체 순위 3위인 BRI은행과 업무협약을 위한 양해각서MOU를 맺었다.

비단 우리나라 은행들뿐만이 아니라 외국계 은행들도 인도네시아 시장 진출에 박차를 가하고 있다. 싱가포르투자개발은행DBS그룹 홀딩스이 인도네시아의 시가총액 5위 은행인 다나몬은행 인수를 시도한 것도 이와 같은 맥락이다.

대형 글로벌 은행들이 인도네시아 현지 은행 인수에 박차를 가하는 이유는 인도네시아가 바로 아세안의 중심이기 때문이다. 아세안 10개 회원국은 풍부한 지하자원과 6억 명이 넘는 인구로 높은 시장 잠재력을 보유하고 있다. 아세안 국가들의 GDP는 약 1조 8,000억 달러로 인도의 GDP약 1조 7,000억 달러를 뛰어넘는다.

인도네시아는 2008년 금융위기 직후에도 연평균 성장률이 7%에 육박하며 G20 가운데 중국, 인도에 이어 가장 높은 경제 성장률을 기록하고 있다. 향후 아세안이 EU와 같은 공동체로 발전할 가능성의 중심에 바로 인도네시아가 있는 것이다.

그럼 인도네시아 금융 산업에 어떻게 접근하면 될까?

필자가 처음 인도네시아에서 은행계좌를 만들고 의아했던 것이 월간 계좌 이용료였다. 한국에서는 단돈 십 원만 들어 있어도 이자를 주는데 괜한 생돈을 내는 것 같아 억울하기도 하고, 손님 대접을 못 받는 것 같아 기분이 상하기도 했다.

물론 선진국에서는 이와 같은 시스템이 당연하다는 것을 알고 있었지만 한국의 은행 거래에 익숙해있던 필자로서는 쉽게 적응이 되지 않았다. 더군다나 우리보다 못사는 나라에서 선진국의 은행 시스템을 적용한다니!

그러나 로마에 가면 로마법을 따라야 하는 법, 지금은 별 불만 없이 매달 13,000루피아를 계좌 이용료로 지불하고 있다. 한국 돈으로 치면 1,100원 정도다. 이 돈은 매달 내야 하기 때문에 일 년에 13,200원 정도가 된다. 한국에서는 각종 출금 및 이체 수수료 등도 면제해주는 판국에 인도네시아 은행은 매달 고객의 통장에서 계좌 유지 수수료를 출금해가는 것이다.

하지만 관점을 바꿔 생각해보자. 내가 돈을 맡기는 입장이 아니라 돈을 맡아 주는 입장이 된다면 어떨까. 한마디로 은행의 주주가 되어 매달 고객들로부터 돈을 받는다고 생각해보자. 필자가 가졌던 은행 수수료에 대한 불평은 인도네시아 은행에 투자하면서 180도 바뀌었다. 은행계좌만 있으면 부자건 가난뱅이건 매달 1,100원씩을 내야 한다. 이보다 더 좋은 수익구조가 어디 있겠는가?

은행은 예금으로 자금을 조달해 대출로 자금을 운용하고 그 차이에 해당하는 예대마진을 수익으로 챙기는 기관이다. 여기서 예대마진이란? 개인 고객들의 예금을 받아 주택담보 대출, 사업자금 대출 등을 통해 돈을 빌려 주고 이자를 받아 수익을 거두는 것을 말한다.

예를 들어 정기예금 금리가 2.2%이고 주택담보 대출 금리가 3.6%라고 했을 때 은행은 1.4%의 수익을 얻게 되는 것이다. 2%대를 겨우 유지하고 있던 한국의 예대마진은 지난 1월 이후 2%를 밑돌고 있다. 더군다나 예대마진 위주의 수익구조를 탈피해야 한다는 비판까지 일고 있다.

이에 반해 인도네시아의 예대마진은 4%로 한국의 2배 수준을 유지하고 있다. 같은 돈을 빌려 줘도 인도네시아에서는 2배의 수익을 내고 있는 것이다.

글로벌 컨설팅 업체 캡제미니에 따르면 인도네시아의 100만 달러 이상 자산가는 3만 2천 명으로 한국의 100만 달러 이상 자산가의 20% 정도 수준이다. 금융자산을 5만 달러 이상 보유하고 있는 중산층 또한 1,000만 명 수준으로 추산하고 있다. 중산층 비율이 아직 낮지만 인구가 워낙 많아 시장의 규모는 큰 편이다.

현재 인도네시아의 은행계좌 보유율은 40%로 약 1억 개의 계좌가

한국의 은행별 2014년 10월 예대마진 추산

은행명	주택담보 대출	정기예금 금리	차이
국민	3.52	2.10	1.42
신한	3.45	2.10	1.35
우리	3.51	2.10	1.41
하나	3.58	1.80	1.78
외환	3.44	2.15	1.29
기업	3.50	2.10	1.40
대구	3.56	2.15	1.41
부산	3.53	2.05	1.48

출처 : 한국은행연합회

* 주택담보 대출(분할상환식 평균 금리 기준)
* 정기예금 금리(12개월 만기 예금 중 낮은 금리 상품 기준)

개설되어 있다. 계좌 1억 개 × 1,000원으로 단순계산을 해도 1,000억 원의 수익이 매달 발생한다. 물론 운영비나 인건비 등을 제외한 계산이고 휴면계좌 등은 반영되지 않았지만 그만큼 은행 업종이 투자하기 좋은 분야임은 확실하다.

현재 인도네시아에는 12여 개의 상업은행과 1,800여 개의 지방은행이 존재한다. 향후 이 많은 은행들이 인수합병을 통해 숫자는 줄이고 덩치는 키운다고 생각해보자. 여기에 대응하기 위한 투자 대상으로 1위 은행인 BCA은행Bank Central Asia을 추천한다. 최근까지만 해도 시가총액 5위권에 머물러 있었지만 지속적인 주가 상승으로 현재는 1위에 등극했다.

그렇다면 BCA은행이 국영 은행인 만디리은행, BRI은행 등을 제치고 급성장할 수 있었던 비결은 무엇일까?

1955년 처음 설립된 BCA은행은 지속적인 신규 사업 개발을 통해 꾸준히 성장해왔다. 1997년 외환 취급 자격을 취득하였으나 아시아 금융위기를 맞아 위기를 겪게 된다. 이후 인도네시아 정부에서 주관한 인도네시아 은행 구조조정위원회Indonesian Banking Restructing Agency를 통해 구조조정 과정을 거치게 된다.

뼈를 깎는 노력을 통해 2,000년에 구조조정을 마무리하고 인도네시아 주식 시장에 상장되었다. 이후 지속적으로 성장하며 2010년도 이후에는 이슬람 금융인 샤리아은행과 보험, 자동차, 금융 등 다양한 사업을 전개하고 있다.

BCA은행의 주가 흐름(2009-2013)

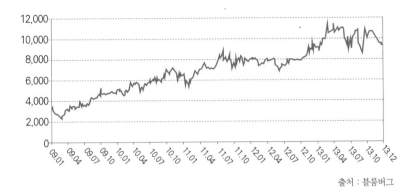

출처 : 블룸버그

필자가 처음 인도네시아에서 계좌 개설을 한 은행 또한 BCA은행이며, 인도네시아 전국 어디서나 가장 쉽게 찾을 수 있는 은행이 바로 BCA은행이다. 실제로 인도네시아 전국에 1,600여 개가 넘는 지점을 운영하고 있으며 14,500개 이상의 ATM 기기가 설치되어 있다. 인도네시아에서 가장 많은 숫자이며 한국의 은행들과 비교해도 많은 편이다.

그러나 한국과 비교하여 19배 큰 국토 면적과 5배 많은 인구를 감안하면 결코 많은 수가 아니다. 현재보다 더 많은 지점을 필요로 하기 때문에 향후 성장 가능성 또한 무궁무진하다.

인도네시아의 은행 산업 전망에 대해 이야기하다보면 빠뜨릴 수 없는 것이 BCA은행의 성장 가능성에 대한 이야기다.

먼저 언급했듯이 최근 BCA은행의 주가는 지속적으로 상승하다 못

한국, 인도네시아 은행의 지점 수 비교

한국		인도네시아	
은행명	지점 수	은행명	지점 수
신한은행	850	BCA은행	1,600
우리은행	870	만디리은행	900
하나은행	650	BRI은행	446(해외 포함)
국민은행	1,100	다나몬은행	1,400

출처 : 각 은행(2013년 말 기준)

해 시가총액 1위가 될 정도로 그 규모가 커졌다. BCA은행이 이렇게 성장한 가장 큰 요인으로는 ATM 기기, 인터넷뱅킹과 모바일뱅킹의 거래 급증을 들 수 있다.

다음 그래프에서 알 수 있듯이 ATM 기기에서의 거래액은 매년 10%씩 증가해왔으며, 인터넷뱅킹 거래액의 경우 연평균 35% 이상 급증하고 있는 추세다. 모바일뱅킹 또한 거래량과 거래액이 급증세를 보이고 있다. 거래량 증가에 따른 수수료 수익은 BCA은행이 고스란히 가져오고 있다. BCA은행은 이러한 온라인, 모바일뱅킹으로의 변화를 잘 감지하고, 전자상거래 시장의 온라인 결재 도입 등에도 앞장서고 있다.

인도네시아의 전자상거래 시장은 이제 시작 단계에 불과하다. 향후 인터넷 및 모바일뱅킹 시장이 BCA은행의 엄청난 수익원이 될 거라

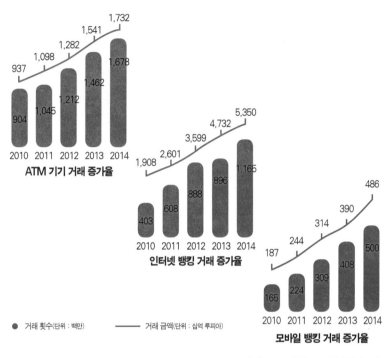

출처 : BCA 은행, 2014년 사업보고서

는 사실은 자명하다.

또한 BCA은행의 가장 큰 장점은 바로 자산 대비 현금 비중이 높다는 것이다. 4대 은행의 평균이 67.5%, 전체 평균이 40%인데 반해 BCA은행의 현금 비중은 78.9%에 달하며 자산 건전성에서 타의 추종을 불허한다.

적금은 더 많은 이자를 지급해야 하지만 예금은 적금에 비해 지급하

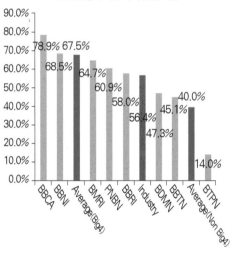

BCA은행의 자산 대비 현금 비중

90.0%
80.0% 78.9% 67.5%
70.0%
68.5% 64.7%
60.0% 60.9%
50.0% 58.0%
56.4%
40.0% 47.3% 45.1% 40.0%
30.0%
20.0%
10.0% 14.0%
0.0%

BBCA BBNI Average(Big4) BMRI PNBN BBRI Industry BDMN BBTN Average(Non Big4) BTPN

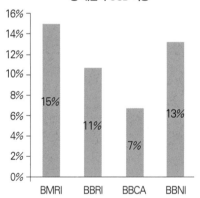

총 대출의 USD 비중

16%
14%
12%
10%
8%
6%
4%
2%
0%

15% 11% 7% 13%

BMRI BBRI BBCA BBNI

출처 : 인도네시아 금융재정청, 각 은행

는 이자가 낮다. 반면에 현금 비중이 높다는 것은 적금보다 좀 더 적
은 이자를 지급하고 있는 자산이 더 많다는 뜻이 된다. 적은 이자를

지급하면서 매월 통장 운영비를 받아 가고 대출까지 해주는 효율적인 사업 운영을 하고 있는 것이다.

총 대출의 USD 비중을 보면 BCA은행의 USD 대출 비중이 가장 낮은 것을 볼 수 있다. 최근 환율의 급등으로 루피아 가치가 낮아질 대로 낮아진 상황에서 USD 대출이 많다면 상환할 돈 또한 많아진다. 그래서 BCA은행은 USD 대출을 낮게 유지함으로써 환율 급등락에 따른 리스크를 줄이고 자산 안정성을 확보하고 있는 것이다.

돈을 가지고 가치를 창출해 사업을 영위하는 은행 업종에서 자산 건전성보다 더 매력적인 게 어디 있겠는가?

BCA은행은 중산층 증가에 따른 주택담보 대출 시장이 확대될 것을 예상하고 2007년부터 모기지 대출에 집중해왔다. 이와 같은 집중에 힘입어 2007년부터 연평균 32%에 이르는 성장을 지속해왔다. 그 결과 BCA은행 전체 대출의 59.2%에 달하는 비중 있는 사업 분야가 되었다.

이는 부동산 파트에서 주장하게 될 필자의 의견과 일치하는 부분이다. 필자는 향후 인도네시아 부동산 시장은 폭발적인 성장을 다시 한번 구가할 것이라고 예상하고 있기 때문에 이렇게 장기적인 관점에서 모기지 대출에 집중하고 있는 BCA은행의 전략을 탁월하다고 평가하고 있다.

지금까지 인도네시아의 금융 산업과 그중 1등 종목인 BCA은행의 성장 가능성에 대해 살펴보았다. 금융 산업은 그 나라 산업의 근간이

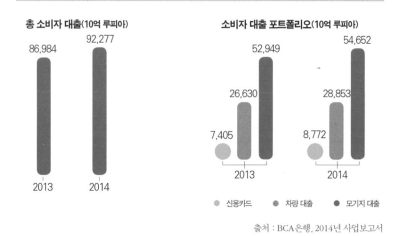

출처 : BCA은행. 2014년 사업보고서

되는 기초 산업이다. 산업 발전에 따라 경제가 성장한다면 당연히 함께 성장하는 것이 금융 산업이다. 이러한 금융 산업이 건전하게 성장하지 못한다면 위기가 왔을 때 외국 자본에 의해 뜯어 먹힐 가능성이 높아진다. 결국 국가적으로 금융 산업은 보호하고 육성해야 하는 산업인 것이다.

VISTA CIVETS MAVINS MIKT TIMBIS VIP VISTA CIVETS MAVINS MIKT TIMBISVIP VISTA CIVETS
VINS MIKT TIMBISVIP VISTA CIVETS MAVINS MIKT TIMBISVIP VISTA CIVETS MAVINS MIKT
BISVIP VISTA CIVETS MAVINS MIKT TIMBISVIP VISTA CIVETS MAVINS MIKT TIMBISVIP VISTA
ETS MAVINS MIKT TIMBISVIP VISTA CIVETS MAVINS MIKT TIMBISVIP VISTA CIVETS MAVINS
T TIMBISVIP VISTA CIVETS MAVINS MIKT TIMBISVIP VISTA CIVETS MAVINS MIKT TIMBISVIP
TA CIVETS MAVINS MIKT TIMBISVIP VISTA CIVETS MAVINS MIKT TIMBISVIP VISTA CIVETS
VINS MIKT TIMBISVIP VISTA CIVETS M   T TIMBISVIP VISTA CIVETS MAVINS MIKT
BISVIP VISTA CIVETS MAVINS MIKT   CIVETS MAVINS MIKT TIMBISVIP VISTA
ETS MAVINS MIKT TIMBISVIP   TIMBISVIP VISTA CIVETS MAVINS
T TIMBISVIP VISTA CIVET   ETS MAVINS MIKT TIMBISVIP
TA CIVETS MAVINS M   TIMBISVIP VISTA CIVETS
VINS MIKT TIMBI   IVETS MAVINS MIKT
BISVIP VISTA   TIMBISVIP VISTA
ETS MAV   ETS MAVINS
T TIMBI   T TIMBISVIP
TA CIVET   ISTA CIVETS
VINS MIK   AVINS MIKT
BISVIP V   BISVIP VISTA
ETS MAV   ETS MAVINS

6장

삶의 질에 투자하라,
'제약'

T TIMBI   T TIMBISVIP
TA CIVET   STA CIVETS
VINS MIK   AVINS MIKT
BISVIP V   BISVIP VISTA
ETS MAV   ETS MAVINS
T TIMBI   T TIMBISVIP
TA CIVET   ISTA CIVETS
VINS MIK   AVINS MIKT
BISVIP V   BISVIP VISTA
ETS MAV   ETS MAVINS
T TIMBI   T TIMBISVIP
TA CIVET   STA CIVETS
VINS MIK   AVINS MIKT
BISVIP V   BISVIP VISTA
ETS MAV   ETS MAVINS
T TIMBI   T TIMBISVIP
TA CIVET   STA CIVETS
VINS MIK   AVINS MIKT
BISVIP V   BISVIP VISTA
ETS MAV   ETS MAVINS
T TIMBI   T TIMBISVIP
TA CIVET   STA CIVETS
VINS MIK   AVINS MIKT

과거 일본과
한국은 어떠했을까?

　최근 바이오시밀러 시장의 등장으로 글로벌 바이오 산업의 지각변동이 일어나고 있다. 2012년 류머티스 관절염에 쓰이는 암젠 사의 엔브렐을 시작으로 2013년에는 에포젠, 레미케이드, 아보넥스, 레비프, 휴마로그, 뉴포젠, 세레자임의 미국 내 특허가 만료되었다. 올해에는 리툭산, 뉴라스타, 란투스의 특허가 만료되며 2016년에는 휴미라가, 2019년에는 허셉틴, 아바스틴, 루센티스의 미국 특허가 만료된다.

　본격적으로 블록버스터급 바이오 의약품들의 특허 만료가 시작되면서 전 세계적으로 바이오, 제약 광풍이 거세다.

　이 중 바이오시밀러 시장 규모는 2012~2020년 연평균 성장률이 21~34%에 육박할 것으로 예상하고 있다. 특히 미국, 유럽, 일본이 전체 바이오 의약품 시장의 80%를 차지하며 노령화가 이미 진행된

제품명	개발사	적응증	특허 만료
엔브렐	암젠	류머티스 관절염	2012년
에포젠	암젠	빈혈	2013년
레미케이드	존슨앤존슨	류머티스 관절염	
아보넥스	바이오젠아이덱	다발성경화증	
레비프	세로노	다발성경화증	
휴마로그	릴리	당뇨병	
뉴포젠	암젠	호중구감소증	
세레자임	젠자임	고셔병	
리툭산	제넨텍	비호지킨림프종	2015년
뉴라스타	암젠	백혈구 개선 촉진	
란투스	사노피아벤티스	당뇨병	
휴미라	애보트	류머티스 관절염	2016년
허셉틴	제넨텍	유방암	2019년
아바스틴	제넨텍	대장암	
루센티스	노바티스	황반변성	

출처 : 의약뉴스

선진 시장 위주로 시장이 형성되고 있다.

필자가 일본과 한국의 산업 중 유일하게 투자해도 좋다고 생각하는 산업이 바로 이 바이오, 제약 시장이다. 바이오시밀러 의약품은 단순히 카피를 통해 제품을 생산하는 제네릭과는 또 다른 시장이다. 분자

구조가 매우 복잡하고 제조 및 보관 환경에 매우 민감한 특징 때문에 많은 투자가 필요하다. 따라서 후발 주자가 쉽게 진입하기 어렵다는 장점이 있다.

2013년 기준 글로벌 제약 시장의 34.4%를 미국이 차지하며 압도적 1위를 기록하고 있으며, 유럽이 2위, 일본이 3위를 차지하고 있다. 특히 단일국가로는 일본이 미국 다음의 큰 시장을 형성하고 있다. 일본의 고령화가 세계 최고 수준이고 인구 수가 1억 2천 명 이상인 것을 생각해보면 당연한 현상이다. 이처럼 글로벌 제약 시장에 빅뱅이 진행되는 가운데 한국의 셀트리온과 삼성바이오로직스 또한 이 시장에 뛰어들었다. 셀트리온은 기술력으로, 삼성은 자본력을 앞세워 한국의 제약 산업 경쟁력 확보에 나선 것이다.

하지만 필자는 이 책에서 전통 제약 회사 및 소비재 제약 회사에 대한 소개만 하겠다. 글로벌 바이오 시장의 지각변동과는 조금 거리가 있는 인도네시아의 제약 산업에 대해 설명하기 위해서는 일본과 한국의 전통 제약 시장에 대한 비교가 필요하기 때문이다.

그렇다면 지금부터 일본의 1위 제약 회사인 다케다Takeda제약에 대해 살펴보자.

다케다제약은 1781년 오사카에서 초대 창업자 다케다 초베이가 개업한 약품 가게인 오미야가 그 시초다. 240여 년의 역사를 가진 다케다제약은 아시아에서 유일하게 다국적 제약 기업으로 성장한 회사다. 현재 시가총액 51조 원 정도로 세계 12위, 일본 및 아시아 1위의 제약

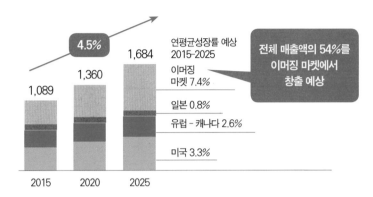

글로벌 제약 시장 트렌드

연평균성장률 예상 2015-2025
4.5%

1,089   1,360   1,684

이머징 마켓 7.4%
일본 0.8%
유럽 - 캐나다 2.6%
미국 3.3%

전체 매출액의 54%를 이머징 마켓에서 창출 예상

2015   2020   2025

출처 : 다케다, 2015년 사업보고서

회사다. 글로벌 회사인 만큼 2014년 기준 총 매출액이 17조 원 정도로, 그 규모가 상상을 초월한다. 회사의 최고경영자 또한 글락소 사장 출신 크리스토퍼 웨버라는 전문 경영인이 맡고 있다.

2015년 사업보고서를 보면 현재 1위인 미국 시장은 연평균 3.3% 성장하며 단일국가 기준 1위 시장을 지킬 것으로 예상하고 있다.

2015년 사업보고서의 예측에 따르면 2025년에는 이머징 마켓이 연평균 7.4% 성장을 구가하며 전체 매출액의 54%를 차지할 것으로 예상하고 있다. 특히 현재 노령화가 진행되고 있는 브라질, 중국 시장의 성장이 두드러질 것으로 예상하고 있다. 또한 베트남, 인도네시아 등과 같은 동남아 시장을 미래 전략 지역으로 삼고 있다.

다케다제약의 2000년 이후 주가는 횡보하고 있는 상황이다. 마찬가

다케다제약

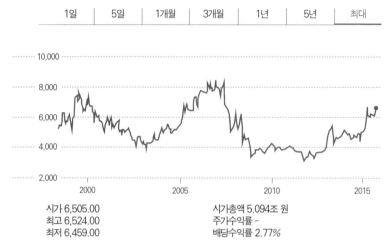

TYO:4502 - 8.14. 오후 3:00 GMT + 9

6,499.00 ↓ 2.00(0.03%)

| 1일 | 5일 | 1개월 | 3개월 | 1년 | 5년 | 최대 |

시가 6,505.00
최고 6,524.00
최저 6,459.00

시가총액 5.094조 원
주가수익률 -
배당수익률 2.77%

출처 : 구글 파이낸스

지로 2013년 아베 정권의 양적완화 이후로 많이 회복했으나 2000년
부터 투자했다면 이제 겨우 본전 정도 수익을 얻었을 것이다. 240여
년의 역사를 가진 제약 회사이므로 초기에 투자했다면 엄청난 수익을
얻었을 것이다.

일본의 모든 산업이 한국보다 20년 정도 앞서 발전했고 한국은 지
금 일본의 잃어버린 20년과 같은 상황이라고 가정한다면 한국 또한
큰 수익을 얻지는 못할 것임을 예상해볼 수 있다. 물론 전통 제약 산
업만 평가해보기로 했으므로 최근 급성장하고 있는 바이오시밀러 관

련 산업은 논외로 하자.

그렇다면 같은 기간 한국의 제약 회사는 어떻게 성장해왔을까?

한국의 1등 제약 회사는 명확히 구분하기가 쉽지 않은데 시가총액 기준으로 한다면 셀트리온과 한미사이언스가 각각 1, 2위를 차지하고 있다. 하지만 매출액 기준으로 보면 턱없이 부족한 수준이다. 아무래도 바이오시밀러 시장의 성장 기대감으로 주가가 많이 오른 탓일 것이다.

따라서 두 회사를 제외하고 전통 제약 회사를 기준으로 본다면 2014년 기준 매출액 1조 원을 돌파한 유한양행이 1조 원에 약간 못 미치는 성적을 낸 녹십자를 제치고 1위를 차지했다. 사실 시가총액이나 매출액 모두 언제든 뒤바뀔 수 있기 때문에 큰 의미는 없으나 유한양행을 기준으로 살펴보자.

유한양행은 1926년 "가장 좋은 상품을 만들어 국가와 동포에 도움을 주자."라는 창업자 유일한 박사의 정신으로 설립되었다. 2014년 국내 제약사 최초로 매출액 1조 원을 달성했고 공익 사업을 하고 있는 유한재단 등 공익법인이 최대 주주로 등록되어 있다.

뿐만 아니라 1969년 외아들이 아닌 전문경영인에게 회사를 운영하게 하여 직원 모두가 회사의 주인이라는 생각을 심어 줬다. 1971년 세상을 떠날 때에도 주식은 모두 학교에 기증하고 아들에게는 대학 공부까지 시켜줬으니 이제부터 자신의 길을 스스로 개척하라는 유서를 남긴 일화는 유명하다.

이때의 창업자 정신을 이어받아 전문 경영인 제도를 지금도 운영하고 있어 평사원도 대표이사가 될 수 있다는 신념을 이어가고 있는 회사다. 이렇게 직원이 주인인 유한양행의 성장은 지금까지 거침이 없었다. 사업 분야는 의약품 외에도 건강기능식품, 화장품, 생활용품, 동물약품 등이 있으며 항바이러스제, 항생제 등을 전 세계로 수출하고 있다.

유한양행의 주가 흐름을 보면 2004년 이후 거침없는 주가 상승세를 보이고 있다. 10년간 투자했다면 10배 이상의 수익률을 얻었을 것이

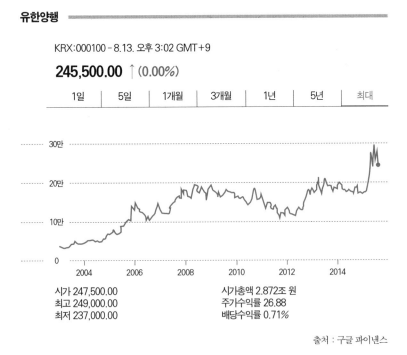

유한양행

KRX:000100 - 8.13. 오후 3:02 GMT+9

245,500.00 ↑(0.00%)

| 1일 | 5일 | 1개월 | 3개월 | 1년 | 5년 | 최대 |

시가 247,500.00
최고 249,000.00
최저 237,000.00

시가총액 2.872조 원
주가수익률 26.88
배당수익률 0.71%

출처 : 구글 파이낸스

다. 다만 2006년부터 2014년 주가가 급등하기 전까지 10~20만 원대에서 등락을 거듭하며 지루한 횡보 장세를 보였다.

최근 바이오시밀러 시장에 대한 기대감이 커지자 제약 산업 또한 덩달아 주가가 급등하면서 일어난 현상이다. 이는 녹십자나 다른 제약사들의 주가 흐름을 보아도 마찬가지다.

그렇다면 지금부터 투자해 향후 10년간 횡보하고 있는 흐름을 지켜보고 있을 것인가? 아니면 10년 후 확실히 급등할 것이라고 예상이 가능한 신흥국 제약사에 투자하는 것이 나을까?

인도네시아
대표 제약 종목

인도네시아의 제약 산업 전망

필자는 가치 투자를 추구하지만 종목뿐만 아니라 시장의 흐름까지 함께 본다. 가치 투자를 추구하는 분들 중에는 종목만 보면 된다는 의견을 가진 분들도 있다. 필자 또한 기본적으로 종목을 보지만 시대와 시장의 흐름에 역행한다면 그 종목은 상승할 가능성이 낮거나 10년간 지지부진한 모습을 보일 것이다.

지금까지 우리나라의 조선 산업은 세계 최강이었고 불과 몇 년 전만 해도 조선 업종에 종사하는 분들의 연봉이 타 산업보다 높았다. 이후에는 증권 업종이 조선 업종을 이어 최고의 연봉을 기록했다.

현재는 어떠한가? IT, 전자, 자동차 산업의 연봉이 최고를 달리고 있다.

172

앞으로는 어떠할까? 10년 후에도 지금과 같을까?

필자는 아니라고 생각한다. 향후 국내외 미래 산업은 IT 융합 산업과 바이오 산업이 될 것으로 예상한다. 영화에서 보았던 일들이 실제 생활에 적용되고 일어날 것이다. 이와 같은 변화의 물결은 우리 부모 세대가 이미 경험했다. 휴대폰으로 노래를 들으며, 친구와 SNS를 통해 커뮤니케이션을 하고, 궁금한 내용을 검색해볼 수 있는 이런 세상을 상상이나 했을까? 황우석 박사 사태로 전국이 들썩였을 때 유전자 공학을 통한 치료제를 실제로 활용할 수 있는 날을 일반인들이 상상이나 했을까?

지금과 같이 정보가 넘쳐나고 변화가 빠른 시대에서는 이러한 흐름에 맞추어 투자를 해야만 수익을 낼 수 있다. 하지만 나에게 들어온 정보는 이미 재탕, 삼탕, 사탕을 거쳐 곰탕이 되기 직전의 정보일 가능성이 높다. 세상이 흘러가는 모습을 미리 읽을 수 있어야 돈의 흐름을 쫓을 수 있다. 하지만 이 같은 일은 전문가가 아닌 이상, 아니 전문가라도 예측하가 쉽지 않다.

이미 투자의 과열 조짐을 보이고 있는 선진 바이오 산업에 적절한 종목을 골라 투자할 것인가? 잘 고른다면 만족할 만한 수익을 보겠지만 그렇지 않다면 쪽박을 찰 수도 있다. 아니면 장기적인 관점에서는 신흥 성장국에서 1등을 달리고 있는 바이오 종목을 골라, 장기 투자를 통해 보장된 수익을 얻을 것인가?

인도네시아는 기본적인 의료 혜택조차 받지 못하는 상황이 최근까지 지속되었다. 현재는 2014년 1월 1일부터 인도네시아 전 국민을 대상으로 도입된 사회 의료보험시스템BPJS이 전면 시행되어 의료보장 제도가 확립된 상황이다.

이와 같은 수혜로 제약 종목은 사상 최고가를 경신하며 상승해왔다. 하지만 최근 루피아 가치 절하로 원재료 수입 비용이 상승하면서 주가는 하락세를 보이고 있다. 이러한 상황에서 인도네시아 제약 산업에 어떻게 접근해야 할지 간략하게나마 살펴보자.

인도네시아 제약 산업은 다음과 같이 세 가지 특징을 가지고 있다.

1. 많은 인구

현재 인도네시아 의약품 시장은 2008년부터 연평균 10% 이상의 고성장을 구가해왔고 2018년까지 평균 12.5%의 성장률을 보일 것으로 예상하고 있다.

다음에 나오는 인구 피라미드는 월드뱅크와 IMF에서 예상하고 있는 인도네시아의 현재 및 향후 인구 구조를 나타낸 것이다. 2013년 기준 인구 피라미드를 보면 26세 미만 인구 수가 30%에 육박하며 생산 가능 인구 수가 정점에 이른 것을 알 수 있다.

하지만 2050년 예측치를 살펴보면 급격한 노령화가 진행되는 반면에 생산 가능 인구 수는 감소하는 현상을 보일 것으로 예상하고 있다. 현재 인도네시아의 노동 가능 인구가 최고치를 달리고 있는데, 결국 현재의 엄청난 노동 가능 인구가 향후에는 노인 인구로 편입된다는

인도네시아의 인구 구조 변화 ━━━━━━━━━━━━━━━━━

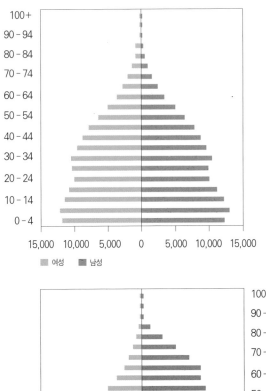

출처 : 세계은행, IMF

뜻이다.

일본의 단카이 세대가 현재의 노인 인구가 되었고 한국 베이비부머 세대의 은퇴가 본격화됨에 따라 한국의 노인 인구 또한 급속도로 증가하고 있다. 향후 20년 후에는 인도네시아에도 이와 같은 현상이 일어날 것을 예측할 수 있어야 한다. 미국, 유럽, 일본에서 이미 경험했고 한국에서도 현재 진행 중이다. 중국에서는 이미 시작되었다. 그렇다면 인도네시아에서도 같은 현상이 반복될 것임을 알고 미리 대응해야 한다.

인도네시아는 중국, 인도, 미국 다음으로 인구 대국이다. 이런 인구 구조의 변화에서 가장 많은 수혜를 받는 업종 중에 하나가 바로 바이오&헬스케어 산업 즉, 제약 산업이 아닐까?

2. 전량에 가까운 원재료 수입

현재 인도네시아에서 생산하는 의약품의 90~96%, 거의 전량에 가까운 원재료를 수입에 의존하고 있다. 이와 같은 문제점은 인도네시아 정부에서도 잘 파악하고 있다. 때문에 인도네시아 정부는 2015년 3월 6일 발표된 2015~2035년 국가 산업 개발 마스터플랜에 제약 산업을 주력 육성 대상으로 포함했다.

이러한 마스터플랜으로 제약 산업의 단계적 육성을 꾀하고 있다. 그 1단계가 2019년까지 의약품 원료 제조기술과 생산기술을 개발함으로써 제약 산업을 통제하고 국내 의약품 사용을 장려하는 것이다.

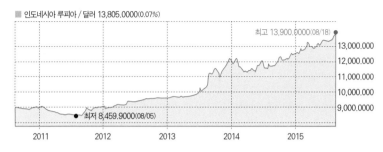

지난 5년간 인도네시아 루피아 / 달러 환율

■ 인도네시아 루피아 / 달러 13,805.0000(0.07%)

최고 13,900.0000(08/18)

13,000.000
12,000.000
11,000.000
10,000.000
9,000.000

최저 8,459.9000(08/05)

2011   2012   2013   2014   2015

출처 : 네이버

2단계는 2020년부터 2035년까지 의약품 기초 원료의 제조기술 개발 및 산업 발전을 통해 수출 지향적 산업으로 육성한다는 계획이다. 제약 산업 또한 국가에서 권장하고 지원하는 주력 육성 산업인 것이다.

최근 제약 산업의 주가가 지속적인 하락세를 보이고 있다. 이는 달러 대비 루피아 가치의 하락에서 기인한다. 불과 1년 만에 35% 이상 약세를 보이고 있고 과거 1998년 아시아 금융위기 수준에 근접한 상황이다. 전량에 가까운 수입을 하고 있는 원재료 수입 비용이 30~40% 상승한 결과다.

필자는 이런 문제가 미국의 금리 인상 예정에 따라 발생하는 일시적인 환율 하락 문제라고 생각한다. 뿐만 아니라 현재 인도네시아는 1,000억 달러 이상 외환 보유고를 유지함으로써 환율 방어에도 충분한 달러가 확보되어 있다. 따라서 장기적으로 보면 지금과 같이 매력적인 가격에 제약 종목을 구매할 수 있는 날이 다시는 오지 않을 수 있다.

물론 이 책이 출간될 때쯤 미국의 금리 인상이 본격화되었다면 이야기는 조금 달라진다. 2015년 말 전에 미국 금리 인상이 실시될 것이라는 예측이 나오고 있다. 만약 그렇게 된다면 그때의 충격파를 잘 견뎌내는지 지켜보다가 접근하는 것이 좀 더 안정적인 투자 방법이다.

그때를 잘 견뎌내면 주가는 미처 손댈 틈도 없이 상승할 것으로 예상한다. 글로벌 경기 회복이 가속화되고 인도네시아의 환율 또한 안정된다면, 제약 종목의 주가 상승과 환율 상승분은 덤으로 얻게 되는 이익이다.

3. 접근이 어려운 시장

마지막으로 인도네시아 시장은 외국계 제약사의 접근이 어렵도록 까다로운 규제를 하고 있다. 인도네시아는 자국 제약 산업 보호를 위해 의약품 원재료 유통 및 전통 의약품 산업에는 외국계 제약사의 법인 설립을 금지하고 있다. 특허 제약 및 원재료 산업은 외국 자본 투자 유치와 자국 내 제약 산업 발전을 위해 85%의 지분 소유가 가능하다.

제조 및 유통 라이선스의 경우에는 식약청 자격이 필요하고 로컬 법인이 아니면 취득할 수 없다. 뿐만 아니라 인도네시아 식약청BPOM의 등록이 필수인데 등록 과정이 까다로워 3년 이상의 기간이 소요되기도 한다.

사업 영역	외국인 허가 여부
의약품 원재료 산업	85%까지 지분 보유 가능
특허 제약 산업	85%까지 지분 보유 가능
의약품 제조	식약청 자격 필요
의약품 유통	식약청 자격 필요
의약품 원재료 유통	100% 현지 자본
전통 의약품 산업	100% 현지 자본

출처 : 인도네시아 투자조정청, 2014년 기준

또한 의약 품목의 허가에 있어 인도네시아에 이미 동일한 제품이 있는 경우에는 기본적으로 수입을 불허하고 있다. 한국 시장만 하더라도 최근까지 다양한 외국계 제약사가 마켓 플레이어로서 주요 시장을 장악하고 있다. 하지만 인도네시아 시장은 현재 로컬 제약사가 95%를 장악하고 있는 실정이니 수익이 보장된 산업이다.

이렇게 외국계 제약사에 대한 다양한 제한 사항들로 진출이 쉽지 않을 뿐더러, 이슬람 특유 인증인 할랄Halal 인증까지 받아야 한다. 인도네시아는 무슬림 인구가 87%다. 이들은 돼지고기 섭취를 금기시하고 돼지가 아니더라도 적절한 종교적 과정을 통해 도살된 가축만 섭취가 가능하다. 따라서 이슬람 율법에 어긋나지 않는 재료와 생산 과정을 준수한 제품이라는 할랄 인증을 받는 것이 보편화되어 있다.

우리가 쉽게 접할 수 있는 말랑말랑한 연질 캡슐에 쓰이는 주원료가 바로 돼지에서 추출된 것이다. 이뿐만 아니라 콜라겐 또한 돈피에서 추출된다. 때문에 식물성 재료나 다른 대체 원료를 사용한 생산이 필요하며 이를 증명하기 위해 할랄 인증은 선택이 아닌 필수다.

이처럼 접근이 어려운 시장이 바로 인도네시아의 제약 시장이다. 정부의 제약 산업 육성 및 보호 정책에 힘입어 당분간 인도네시아의 제약 산업은 자생 능력이 될 때까지 지속적인 성장을 거듭할 것으로 보인다.

인도네시아의 대표 제약사

인도네시아 제약 산업은 향후 전망이 좋아 장기적으로 투자할 만한 업종이다. 실제 인도네시아에도 화이자, 글락소 등 다양한 외국계 기업과 대웅제약 등 한국 제약사 또한 진출해있다. 하지만 우리의 투자

회사명	종목 코드	Q1 PER				구분
		2015	2014	2013	2012	
Kalbe Farma Tbk	KLBF	41.3	34.8	31	20.6	의약품, 건강식품, 식품 제조&유통
Tempo Scan Pacific Tbk	TSPC	11.3	14.2	18.5	13.8	건강식품, 화장품, 의약품 제조
Kimia Farma Tbk	KAEF	41.6	53.5	61.4	20	의약품, 의료장비 유통
Indofarma Tbk	INAF	-11.2	4	-22.2	950	원자재, 의약품 생산

대상은 해당 업종에서 1~3등하는 종목이며 증권 시장에 상장되어 있어야 한다.

그렇다면 어떠한 종목이 상장되어 있는지 살펴보자.

사실 시가총액을 순위로 4개 기업을 나열하긴 했으나 큰 의미는 없다. 칼베파르마Kalbe Farma Tbk, KLBF가 시가총액 7조 원 정도로 먼저 소개했던 인도푸드CBP와 유사한 수준이다. 그 외 종목은 시가총액이 낮고 거래가 많지 않아 비교의 의미가 없다.

칼베파르마 외에 관심 있게 보아야 할 종목은 키미아파르마Kimia Farma Tbk로 전국에 600개 이상의 프랜차이즈 약국을 보유하고 있어 유통망 선점에 유리하다.

다만 이 종목은 힘을 못 쓰고 있다. 가장 큰 이유는 정부 지분이 90% 정도로 높고 수익 사업보다는 주로 공익 사업을 하기 때문으로 보인다. 이 종목은 향후 민영화 가능성이 낮기 때문에 신중히 접근해야 한다.

제약 종목에서 투자할 만한 종목은 칼베파르마라는 민간 기업이다. 이쯤이면 더 이상 고민할 것도 없다. 일등주밖에 없는데 고민해서 무엇 하겠는가. 적금하듯 꾸준히 매수해 모아 두면 올라갈 수밖에 없는 종목인 것이다.

이 종목만은
반드시 투자하라

- 칼베파르마(Kalbe Farma, 종목코드 : KLBF)

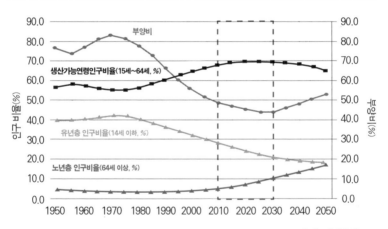

출처 : 세계은행, IMF

※ 부양비는 생산인구 대비 비생산인구가 차지하는 비율을 나타내는 것으로, 인구가 고령화되면 대체로 노년부양비는 높아지지만, 유소년부양비는 낮아진다. 보통 비생산인구(유소년인구 + 노년인구)를 생산인구로 나눈 값에 100을 곱하여 퍼센트로 구한다.

인도네시아의 인구 수는 급격한 증가세를 보이고 있다. 세계은행과 IMF에서 분석한 인도네시아의 인구 구조 변화를 나타낸 그래프를 보자. 2020~2030년 노동 가능 인구가 정점을 찍고 하향곡선으로 변화하고 있는 것을 볼 수 있다. 또한 14세 미만 어린이 인구 수 감소는 가속화되고 64세 이상 인구가 급격히 증가하면서 고령화사회로 진입할 것으로 예상하고 있다.

이와 같은 노인 인구 수의 증가 및 의료 의식 수준 향상으로 의료 소비계층 또한 폭발적으로 성장할 것이며, 이에 따른 수혜주로는 바로 제약 업종의 칼베파르마를 들 수 있다.

칼베파르마는 1966년 설립되어 자카르타 증권 시장에 상장된 회사로서 타 상장사에 비해 오랜 업력을 가지고 있다. 설립 후 견실한 성장으로 다른 제약사 및 관련 산업의 인수 합병을 통해 현재의 칼베파르마가 되었다.

현재 칼베파르마는 인도네시아뿐만 아니라 동남아시아에서 가장 큰 제약 회사다. 현재 주가가 많이 빠진 상태이지만 시가총액 기준으로 7조 원 정도 규모로 한국의 대형 제약사보다도 2배 이상 크다. 그 규모 면에서 이미 한국 제약사들을 능가한다.

그럼에도 불구하고 인도네시아의 제약 시장은 이제 초기 단계다. 제약 기술로 봐도 바이오시밀러 시장은 꿈도 못 꾸고 비교적 카피가 쉬운 제네릭 시장을 확대해 의료 수혜를 높이고자 노력하고 있다. 향후 건강을 염려하는 인구가 지속적으로 늘어남에 따라 커질 시장 규모를 생각하면 정말 매력적인 시장이다.

칼베파르마는 주요 보건 서비스를 비롯하여 의료 기구는 물론 건강
식품과 음료, 영양제 등과 같은 헬스케어 분야의 서비스 및 상품을 제
공하는 인도네시아 최대이자 선두를 달리는 업체다. 이 회사의 사업
구조는 크게 다음의 4가지 분야로 구분할 수 있다.

사업 부문별 매출액 기여도

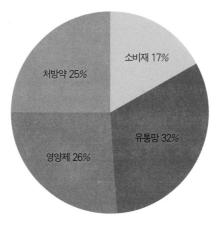

출처 : 칼베파르마, 2014년 사업보고서

1. 처방약 부문

칼베파르마의 처방약 부문은 크게 제네릭Generic, 복제의약품과 허가받은
의약품으로 구분할 수 있다. 특히 제네릭 제품의 매출이 가장 큰 비중
을 차지하고 있으며 국내 시장뿐만 아니라 동남아 시장으로의 수출
또한 활발히 이루어지고 있다. 이는 제네릭 제품의 활성화를 위한 국

가적 노력에 따른 결과다. 의료 혜택을 받는 계층을 확대하기 위해 오리지널 제품의 30~40% 정도에 생산이 가능한 제네릭 시장을 정책적으로 확대하고 있는 것이다.

이러한 처방약 부문 제품들은 칼베파르마의 전국에 깔려 있는 유통망을 통해 판매되고 있다. 전국의 의사, 약사를 통해 병원과 약국에서 팔리고 있는 것이다.

인도네시아는 현재 인구 규모에 비해 턱없이 부족한 병원 시설을 보유하고 있다. 따라서 지속적인 신규 병원 건설이 진행 중에 있다. 이러한 흐름을 통해 2014년 매출액이 11.9% 증가하며 4조 3천 3백억 루피아를 기록했다.

인도네시아 정부는 2015년에만 전국에 1,400여 개의 병원을 지을 예정이고 부족한 병원 시설을 메우기 위해 다양한 투자자를 모집 중에 있다. 향후 지속적인 성장세를 보일 것으로 예상된다.

2. 소비재

해당 부문은 처방전 없이 살 수 있는 의약품Over The Counter Drug, OTC 및 건강 보충제, 즉석 음료 및 에너지 드링크 등을 담당하고 있다. 한국은 최근에서야 일부 OTC 제품의 슈퍼마켓과 편의점 판매가 허용되었지만, 전통적으로 의료 기반 시설이 부족했던 인도네시아는 많은 종류의 OTC가 판매되고 있다. 최근까지도 의료보험 혜택을 받지 못하는 인구가 많아 약국이나 병원에 가기 쉽지 않은 점도 한 요인으로 작용했을 것이다.

뿐만 아니라 잦은 홍수와 더운 기후 때문에 각종 전염병과 수인성 질병이 쉽게 발생한다. 따라서 다양한 종류의 상비약, 건강 제품 등 소비재 제품 시장이 상당히 발달해있는 상황이다. 그중 칼베파르마의 총 6가지가 넘는 제품이 10년 넘게 베스트셀러로 자리매김하고 있다. 오랜 기간 사랑받아 온 만큼 제품에 대한 검증은 받았고 향후에도 지속적인 판매로 캐시카우 역할을 톡톡히 할 것이다.

최근에는 의식 수준 향상으로 건강식품 등에 대한 관심이 높아져 소비재 제품의 매출액이 급격히 증가하고 있다. 2014년 기준 매출액이 16.7%로 급증했다.

3. 영양제 부문

영양제 부문은 아이, 어린이, 청년기, 성인, 노년기의 단계별 상품을 생산하고 제공함으로써 전 국민을 대상으로 판매하고 있다. 뿐만 아니라 임산부, 모유 수유하는 엄마들을 위한 특별한 제품을 판매하며 완벽한 제품 라인을 갖추고 있다. 시장경제의 확대로 점차 바빠지는 일상 속에 건강에 대한 관심 증가로 간편하게 섭취할 수 있는 비타민 등 영양제 시장이 폭발적으로 성장하고 있는 상황이다.

이에 힘입어 2014년 20.8%의 높은 성장률을 보이며 칼베파르마의 주력 제품군으로 자리 잡고 있다. 특히 영양제는 한 번 복용을 시작하면 꾸준히 복용하게 되어 안정적인 수익 창출이 가능하다.

특히 필자가 신기했던 경험은 많은 회사들이 비타민 등 영양제 구매에 대한 비용을 부담해주고 있다는 것이었다. 가벼운 감기 증상으로 현지 병원에 가도 비타민을 처방해주어 의료보험 혜택을 받거나 회사에서 지원받을 수 있는 구조이기 때문에 저렴한 가격에 영양제 제품을 구입할 수 있었다.

향후에는 이 영양제 부문 산업이 현재의 유통 부문을 제치고 칼베파르마의 주력 사업이 되지 않을까 생각한다.

4. 유통 부문

현재 매출액의 32%를 차지하는 칼베파르마의 가장 강력한 사업군이다. 의약품 원재료 수입과 인도네시아 전 지역의 병원, 약국에 제품 유통을 담당하고 있다. 특히 정책상 외국계 제약사의 직접 판매가 불가능한 독점적 이점을 통해 다양한 외산 제품을 유통시켜 큰 폭의 마진을 남기고 있다.

주요 자회사 중 하나인 엔서발 뿌떼라 메가트레이딩Enseval Putera Megatrading Tbk, EPMT을 통해 전국의 유통망을 관리하고 있으며 자카르타와 수라바야 2곳의 지역 유통센터를 가지고 있다. 이 2곳의 유통센터는 인도네시아 전 지역 51개 도시의 70개 지점을 양분하여 관리한다. 이를 통해 현지 하위 유통업자들과 직간접적으로 협력하며 인도네시아 전역에 걸쳐 백만 개가 넘는 유통망에 당 회사 및 외국 제약사들의 제품을 제공하고 있다.

외국계 제품의 유통을 통해 많은 마진을 남기고 있고 칼베 사의 R&D 투자와 지속적인 신약 개발로 자사 제품군이 늘어나는 상황이다.

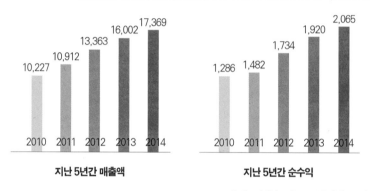

지난 5년간 매출액　　　　**지난 5년간 순수익**

출처 : 칼베파르마, 2014년 사업보고서

위 그래프는 칼베파르마에서 발표한 2014년 사업보고서의 매출액 및 순수익 증가를 나타낸다. 현재까지 지속적인 상승을 보인 것을 확인할 수 있다. 향후 인도네시아 인구 수 증가 및 헬스케어 시장 규모의 확대에 따라 성장세는 가속화될 것이다.

뿐만 아니라 아세안 시장과 아프리카 시장에도 이미 진출해있어 시장 성장에 따른 수혜를 받을 것으로 예상한다. 여기에 더하여 할랄 시장의 확대에 따른 수혜 또한 긍정적이다. 2013년 전 세계 60개의 이슬람 국가의 회원사로 이루어진 이슬람 협력기구Organization of Islamic Cooperation, OIC에서 인도네시아를 백신 생산 및 개발 센터로 선정해 안정적인 할랄 의약품을 공급받기로 결정했다. 이러한 이슬람 협력기구

회원사 국가의 인구를 모두 더하면 17억 명에 이른다.

어떤 헬스케어 시장에 투자하고 싶은가? 급속도로 성장하고 있지만 무수히 많은 경쟁사가 존재하는 선진 시장에 투자할 것인가? 아니면 2억 5천만 명의 큰 시장에서 독점적인 지위를 유지하고 있고 아세안, 무슬림 시장까지 독식할 수 있는 다양한 이점을 가지고 있는 칼베파르마에 투자할 것인가? 선택은 여러분 몫이다.

사람들이 부동산 투자에는 성공하고
주식 투자에는 실패하는 이유가 있다.
사람들은 집을 살 때는
몇 달을 고민하지만,
주식에 투자할 때는
몇 분 만에 결정해 버리기 때문이다."

– 피터 린치

성장하는 인도네시아에
투자하라, '부동산'

과거 일본과
한국은 어떠했을까?

　최근 대한민국 부동산 시장은 고전을 면치 못하고 있다. 전셋값은 하늘 높은 줄 모르고 치솟아 매매 가격의 90% 이상을 육박하는 곳이 속출하고 있다. 또한 전세의 월세전환율은 갈수록 증가하고 있다. 이는 역사적으로 이미 부동산 버블이 팽배해있던 일본에서 일어났던 현상이고, 최근 미국의 모기지 사태 등으로 또 한 번 검증되었다.

　한국에서는 최근 박원순 시장의 주도하에 SH공사를 통한 공공 임대주택인 '서울 리츠'를 선보이기로 했다. 주변 시세보다 20% 저렴한 임대주택을 공급하겠다는 것이다. 임대 수익을 꿈꾸는 많은 투자자들에게는 청천벽력과 같은 소식이나 다름없다. 보증금 900만 원에 월세 45만 원 선으로 공급하겠다고 하니 보증금 1,000만 원에 월세 50~60만 원 투자 수익을 기대하던 오피스텔, 아파트 임대 사업자들이 직접

적인 피해를 볼 것으로 예상된다.

최근 분양 시장 호조로 건설사들의 공급 물량이 급증세를 보이고 있다. 이로 인해 지방 미분양이 30% 이상 늘어나는 등 분양 시장 거품 시그널까지 나오고 있는 상황이다. 현재 대한민국의 주택 시장은 아무리 긍정적인 시각으로 보려고 해도 실거주 외에 투자 목적으로는 그 매력이 많이 떨어진 것이 사실이다. 상대적으로 다른 좋은 투자 대상이 있는데 큰돈을 투자해 작은 수익을 얻는다면 기회비용 측면에서 잘못된 선택이다.

최근 금리 인하로 부동산 투자 열기가 다시 살아나는 듯했으나 2015년 4분기 말에는 미국 금리 인상이 예상되기 때문에 한국 금리 또한 계속 인하된 상태를 유지하기 힘들 것이다.

아직까지 한국의 부동산 흐름에 대한 명확한 데이터가 존재하지 않아서 최근 SK증권에서 발간한 〈한국 부동산은 정말 일본처럼 될까〉를 소개하고자 한다.

해당 리포트를 발간한 이코노미스트 또한 필자와 같이 한국의 과거 부동산 자료 조사에 애를 먹었다고 한다. 일본과 한국의 부동산 시장에 대해 소개되어 있어 참고할 만하다.

해당 리포트에서 한국 부동산은 일본처럼 되지 않을 것이라고 전망하고 있다. 필자 또한 일본과 동일하게 흘러가지는 않을 것이라는 데는 같은 의견이다.

SK증권에서 발간한 리포트에서는 다음의 두 가지를 주장하고 있다.

1. 부동산이 꼭 인구를 따라가는 것은 아니다.

2. 한국 부동산, 냉정하게 비싸지 않다.

여기에 대한 근거로 다음과 같은 이유를 밝히고 있다. 유럽의 여러 국가에서도 노령화에 따라 생산 가능 인구가 감소했지만 부동산 가격은 상승했기 때문에 꼭 부동산이 인구를 따라가는 것은 아니라고 설명한다. 물가상승률과 한국의 소득 수준을 고려한다면 오히려 저평가되었기 때문에 한국 부동산, 냉정하게 비싸지 않다는 것이다.

필자 또한 이 의견에 전적으로 동의한다. 다만 예측이 불가능한 미래에 투자하는 것보다 리스크를 줄이고 예측이 가능한 시장에 접근하는 것이 수익률을 좀 더 극대화하는 방법이 아닐까?

부동산 가격이 인구 추이를 따라가는 사례를 일본과 한국에서 이미 경험했다. 물론 한국의 경우는 아직 진행 중이지만 과거 베이비부머 세대의 주택 구매로 부동산 가격이 급등한 것은 누구나 알고 있는 사실이다.

물가상승률이나 소득 수준을 고려하였을 때 한국의 부동산 가격은 저평가되어 있다는 의견 또한 맞다. 그러나 한국의 주식 시장 또한 다른 선진국에 비해 저평가되어 있고 그렇다고 무조건 한국 주식 시장에 투자하면 수익이 보장되는 것은 아니다.

모든 투자에는 데이터 외에도 심리적인 요인과 환경적인 요인이 작용하기 때문이다.

그렇다고 해서 부동산 투자를 해서는 안 된다는 것은 아니다. 부동산 투자를 통해 알짜 투자 대상을 찾아내고 그에 따른 수익률을 극대화하려고 하지만 기대만큼 높지 않을 것이라는 이야기다.

필자 또한 물가상승률에 맞추어 한국의 부동산 가격 또한 지속적으로 상승할 것이라고 기대하고 있다. 때문에 부동산 가격이 저점을 찍은 작년 초 아파트를 구매해 보유하고 있다.

아래 차트는 일본 최대의 부동산 회사인 도큐후도산홀딩스Tokyu Fudosan Holdings의 주가를 나타낸 것이다. 2013년 홀딩스 법인이 지주사 체제로 변경되면서 주가 변화가 있었다. 차트에서 보면 알 수 있듯이 일본 시장에서도 큰 수익을 기대하기는 힘들다.

한국의 부동산 개발을 전문으로 하는 종목을 소개하고 싶지만 한국은 최근 상장한 SK D&D 외에 상장되어 있는 뚜렷한 부동산 개발사가 없어 과거 데이터를 바탕으로 소개가 불가능하다. 따라서 SK증권 자료에서 소개한 물가에 따른 부동산 가격을 살펴보자.

도큐후도산홀딩스

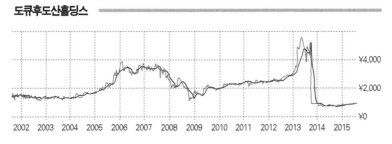

출처 : 월스트리트저널

다음 차트를 보면 한국의 부동산 가격은 CPI물가상승률를 그대로 따라가고 있으며, 일본의 경우는 90년대 초 부동산 가격의 정점을 찍고 하락세를 나타내고 있다.

한국의 경우에 일본과 같은 흐름을 보일지는 확신할 수 없다. 총 인구 수, 경제 규모, 발전 수준 등 여러 가지 부분에서 한국과 일본은 다른 점들이 많기 때문이다. 또한 남북관계의 특수성으로 부동산, 주식

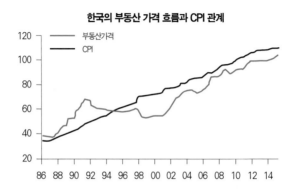

한국의 부동산 가격 흐름과 CPI 관계

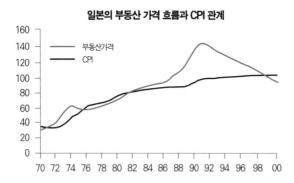

일본의 부동산 가격 흐름과 CPI 관계

출처 : 부동산 시리즈 Ⅲ 한국 부동산은 정말 일본처럼 될까 : no를 외치는 2가지 이유, SK증권, 2015년

등의 자산가치가 저평가되어 있고 일본과는 다른 흐름을 보일 수 있다.

섣불리 부동산 시장이 상승 혹은 하락할 것이라고 예측하기 어려운 것 이유다.

부동산 불패 신화는 끝났다? 천만의 말씀

그럼 '부동산으로 수익을 볼 수 있는 세대는 앞으로 없는 것인가?'라는 의구심이 생긴다.

여기에 대한 대안으로 필자는 해외 부동산 투자를 제시한다. 이제 갓 성장하고 있고 젊은 인구가 폭발적으로 늘어나고 있는 신흥국에서의 부동산 수요는 갈수록 증가하고 있다. 실제로 인도네시아 부동산 시장의 성장세는 주목할 만하다.

다만 인도네시아 부동산에 직접 투자하는 것은 많은 제한 사항이 있어 어려움이 따른다. 그간 한인사회에서는 다양한 방법으로 부동산 투자를 진행해왔다. 법인 설립 후 법인 명의로 진행하거나, 현지인 명의로 부동산 투자를 하는 등의 방법을 통해 이미 괄목할 만한 수익을 거둔 분들도 있다.

다만 이와 같은 방법의 투자는 현지에 거주하며 사정을 잘 아는 경우에 가능한 방법이며, 가능하다고 하더라도 많은 리스크가 따르게 된다. 더욱이 한국에 거주하는 일반 투자자들에게는 꿈만 같은 일일 뿐이다.

그럼 인도네시아 부동산에 투자하는 것을 포기해야 한다는 말인가?

필자는 인도네시아 '부동산 시장'에 투자하라고 조언하고 싶다. 부동산을 직접 구매하지 못하거나 제한이 있다면, 성장하는 부동산 시장과 관련된 부동산 개발 회사에 투자하면 되는 것이다.

인도네시아 대표 부동산 종목

부동산을 가늠해볼 수 있는 시계가 있다?

최근 인도네시아 부동산, 특히 자카르타 부동산 시장은 거품 논란이 일며 상당한 조정이 있었다. 이에 따라 부동산 관련 종목 또한 30~40%씩 주가가 하락했다. 이러한 상황에서 인도네시아 부동산의 현재 위치는 어느 정도인지, 더 나아가서 어떻게 대비해야 할지 살펴보자.

이를 위해 '18년 부동산 주기 시계' 18 Year Real Estate Clock 이론으로 유명한 필 앤더슨의 시계를 먼저 살펴보자.

다음의 시계는 필 앤더슨이 2005년도에 고안해낸 것으로 2008년 〈Money Week〉에 미국 부동산이 최소 2011년까지 떨어질 것이라고 예측하면서 유명세를 탔다. 이는 미국 부동산 판매 현황을 1800년부

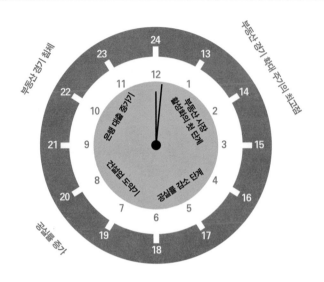

부동산 경기 침체 (left outer)
은행 대출 증기 (upper left inner)
건설업 도약기 (lower left inner)
공실률 감소 단계 (lower right inner)
부동산 시장 활성화의 첫 단계 (upper right inner)
부동산 경기 확대 주기의 최고점 (right outer)
공실률 증기 (lower left outer)

오전 1시 : 다음 부동산 붐을 위한 준비
오전 2시 : 큰 폭의 주택 렌트 시장 개선
오전 3시 : 렌트 시장 거래 상승
오전 4시 : 더 높은 렌트 상승률과 빌딩 건설 비용 증가
오전 5시 : 빌딩 건설을 통한 수익성 더욱 증가
오전 7시 : 신규 건설로 인한 물량의 급속한 팽창
오전 8시 : 은행 산업 확장
오전 9시 : 쉬운 모기지 대출
오전 10시 : 건설 경기 활성화와 공지율(일반 대중에게 상시 개방되는 토지로서 전체 부지에서 공지가
　　　　　　 차지하는 비율) 감소
오전 11시 : 중간 단계의 휴식기

오후 13시 : 2차 부동산 경기 붐
　　　　　　　(세계 최고 높이 건설물 경쟁에 뛰어듦, 부동산 관련 세금에 대한 불평이 생기기 시작함)
오후 14시 : 공공 부문에 대한 정부의 아낌없는 투자 실시
오후 15시 : 부동산 경기 확대의 최고점
오후 16시 : 부동산 경기가 느슨해지지만 상승 자신감은 최고점 유지
오후 17시 : 압류주택과 파산 증가
오후 18시 : 상승세였던 주식 시장 하락세로 전환
오후 19시 : 대출 정책, 금리 등 정부 정책 보수적으로 변화
오후 20시 : 경제 활동성 감소
오후 21시 : 빚과 경기 침체 해결
오후 22시 : 부동산 경기 불황 잔해 청산
오후 23시 : 주식 시장 상승세 전환

터 분석하여 약 18년을 주기로 상승과 하락을 반복한다는 이론이다. 실제 글로벌 부동산 시장에서 과열, 침체 여부를 확인하기 위해 자주 활용되고 있다.

이 부동산 시계는 18년 주기로 약 14년간은 부동산 상승기, 약 4년 간은 하강기를 갖는다는 이론이다. 물론 큰 그림을 보면 부동산 가격 은 지속적으로 상승세를 보일 가능성이 크지만 주식 시장을 예측해보 기 위해서 현재의 인도네시아 부동산 시장이 어디에 있는지 확인이 필요하다.

필자는 부동산 시계로 본 현재 인도네시아 부동산 시장을 오전 10~11시 정도가 될 것으로 판단한다.

현재 자카르타 주변 지역에 대한 부동산 개발이 활발히 일어나고 있 는 점오전 7시 : 신규 건설의 확장, 모기지 대출 증가 및 투자 증가로 인해 은행 산업 경기 활성화가 지속되었으며, 지난 6년간 인도네시아의 총 은행 지점 수가 1,000여 개에서 3,000여 개로 3배가량 급증했다는 점오전 8 시 : 은행 산업 확장, 모기지 대출이 급증하고 있는 점오전 9시 : 쉬운 모기지 대출에 주목했다.

다음에 나오는 아래 그래프는 부동산 구매자의 증가로 모지기 대출 이 급증하고 있는 모습을 보여주고 있다. 위 그래프는 인도네시아 주 변 지역의 신도시 개발에 따른 부동산 가격 폭등을 나타낸다.

최근 5년간 해당 지역의 부동산 가격이 급등했는데 신기하게도 이 와 같은 현상은 한국에서 똑같이 일어났다. 1980년대 급격한 경제 발

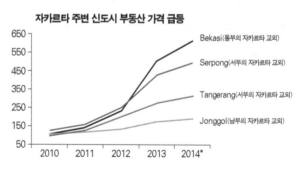

자카르타 주변 신도시 부동산 가격 급등

Bekasi(동부의 자카르타 교외)
Serpong(서부의 자카르타 교외)
Tangerang(서부의 자카르타 교외)
Jonggol(남부의 자카르타 교외)

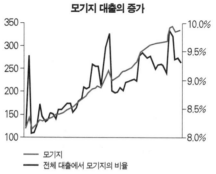

모기지 대출의 증가

── 모기지
── 전체 대출에서 모기지의 비율

출처 : 각 지역 개발 회사, 인도네시아 중앙은행

전으로 수도권 과밀 현상이 발생했으며, 소득 수준 상승으로 인한 베이비부머 세대의 주택 구입 열망에 힘입어 서울 지역 주택 가격은 천정부지로 치솟았다.

이를 수용하기 위해 1980년대에는 도시 내 신도시로 목동, 상계동 등이 개발되었다. 이로도 부족해 1988년에는 급기야 200만 호 건설 계획을 발표해 대규모 택지 개발을 추진했다. 하지만 베이비부머 세

대의 결혼으로 인한 신규 주택 수요 급증과 출산으로 인한 교체수요
를 감당하기에는 벅찬 상황이 지속되었다. 정부는 서울 인구의 분산
을 위해 1990년대에는 분당 신도시와 일산 신도시 개발을 추진했다.

당시 한국은 1980년도의 급격한 임금 상승기를 지나 안정화되고 있
는 단계였으며, 1995년 말 기준 중산층 인구가 51.8%로 급증하고 있
는 상황이었다. 1993년 기준 한국의 최저임금은 시급 1,005원이었다.
이를 일 8시간 근무 1달 기준으로 환산하면 약 241,200원으로 현재의
인도네시아 자카르타 월 최저임금과 유사한 수준이다 현재 인도네시아 자카

르타 기준 최저임금은 월 2,700,000루피아로 한국 돈 21만 원 수준이다.

다음 그래프를 보면 최저임금의 지속적인 상승세를 나타내고 있다.
아래 그래프는 인도네시아 가계의 소득 수준을 나타내는 것인데, 중
산층을 의미하는 연간 가계소득 7,500달러 이상 15,000달러 이하의
가계가 급속히 증가하는 것을 알 수 있다. 연간 소득 수준 7,500달러
인 가정을 모두 합하면 총 가계의 40% 정도다. 한국의 1995년 중산
층 규모에 못 미치지만 지속적으로 확대될 것으로 예상한다.

정도 및 수준은 다를 수 있지만 인도네시아의 경제 발전 또한 한국
의 경우와 유사한 흐름을 보일 것이다. 그렇다면 한국의 90년대 이후
부동산 흐름을 나타내는 그래프를 살펴보자.

1986년을 100으로 했을 때 현재 250 정도로 30년간 약 2.5배 상승
했다. 이는 같은 기간 3~5배 혹은 5배 이상 상승한 타 국가에 비해 턱
없이 낮은 수치다. 그럼에도 불구하고 지속적으로 상승세를 보여왔다.

백만(Rp) **자카르타 월간 최저임금 및 상승률**

■ 월간 최저임금 ── 상승률

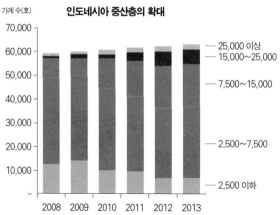

가계 수(호) **인도네시아 중산층의 확대**

— 25,000 이상
— 15,000~25,000

— 7,500~15,000

— 2,500~7,500

— 2,500 이하

출처 : 인도네시아 정부 통계청, 유로모니터

인도네시아 부동산 경기 확대 이제 시작이다

앞서 필자는 한국의 1980~1990년대 부동산 활황에 대해서 언급했다. 한국 경제 성장에 따른 가계소득의 증가와 베이비부머 세대의 결혼 및 출산으로 부동산 경기는 필연적으로 확대될 수밖에 없었다.

1986년 이후 한국의 부동산 가격

출처 : 부동산 시리즈 Ⅲ 한국 부동산은 정말 일본처럼 될까 : no를 외치는 2가지 이유. SK증권, 2015년

당시 필자는 신도시로 개발된 목동에 거주하며 학교를 다녀본 경험도 있었고, 그보다 더 전에는 해바라기 꽃 외에는 아무것도 없던 목동에 위치해있던 아이스링크를 수도 없이 들락날락했었다. 이때 이러한 지식과 아이디어가 있었다면 당연히 과감한 투자를 했을 것이다. 하

지만 아직 기회는 있다. 국외로 눈을 돌려 이제 성장하는 국가에 이러한 지식과 아이디어를 그대로 적용하면 되는 것 아닌가?

앞에서 필자는 인도네시아의 부동산이 중간 휴식기라고 정의했다. 엘리엇 파동 이론에서도 3번의 상승 파동 중 두 번째 파동이 가장 크

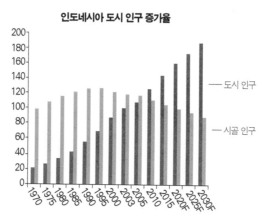

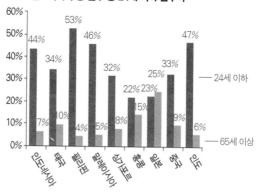

출처 : UN, ADB(아시아개발은행), CIA World Factbook, 2013년

다. 첫 번째 파동 이후 침체기를 극복하면 두 번째 파동은 첫 번째보다 더 크고 오랫동안 지속되는 것이다. 지금 인도네시아 부동산 시장은 첫 번째 사이클보다 훨씬 더 큰 두 번째 사이클을 기다리고 있는 것이다.

위 그래프는 인도네시아 도시 인구 증가율 및 예측치를 나타낸 것이다. 유엔 및 아시아개발은행은 인도네시아의 도시 지역 인구가 2015년 1억 4천만 명에서 2030년 1억 9천만 명까지 증가할 것으로 예상하고 있다. 따라서 2030년까지 부침은 있겠지만 인도네시아의 수도권 지역 부동산 개발 광풍은 지속될 것으로 보인다.

2030년 인도네시아 총 인구는 2억 8천만 명, 2050년까지 4억 명이 될 것이라고 예상된다. 지금의 18년 주기가 끝나고 한 번 더 18년 주기를 경험할 수도 있는 것이다.

아래 그래프는 CIA 월드 팩트북에서 발표한 개발도상국 각국의 24세 이하 인구 비율을 나타낸 것이다. 총 인구가 월등히 많은 중국과 인도가 단연 24세 이하 인구 수도 가장 많을 것이므로 두 나라는 논외로 하자.

그다음으로 필리핀, 말레이시아, 인도네시아 순으로 24세 이하 인구비가 가장 많은 것으로 조사되었다. 이는 비율일 뿐이고 인구 수로 계산해보면 인도네시아가 1억 1천만 명, 필리핀이 5,800만 명, 말레이시아가 1,300만 명으로 가히 압도적인 숫자다. 현재 인도네시아 24세 이하 1억 1천만 명이 향후에 지속적으로 집을 산다고 상상해보면 아직도 인도네시아의 부동산 시장은 긍정적이다.

현재 나오고 있는 인도네시아 부동산 시장에 대한 걱정은 대도시 업무 지역의 오피스 공실 증가와 우후죽순으로 생겨나는 대형 빌딩 수요 감소에서 기인하는 것으로 봐도 무관하다. 자카르타 및 인근 지역에 있던 공장 및 회사의 외곽 지역 이동이나 이탈로 이러한 현상이 일어나고 있는 것이다.

지금 인도네시아 자카르타는 이미 하이테크 관련 기업들만 환영받고 있는 상황이며, 그 외 단순 제조업은 주변 지역이나 지방으로의 이전을 권고받고 있다. 필자는 아직까지도 활발히 진행되고 있는 지역 인프라 관련 투자는 긍정적으로 보고 있다. 또한 주택, 아파트, 개인 렌탈 관련 부동산 시장은 이제 시작이다. 주택, 인프라 시장은 맑음, 오피스 시장은 흐림으로 보면 되겠다.

인도네시아 대표 부동산 기업

인도네시아에는 수많은 부동산 개발 사업자가 존재한다. 사실 먼저 언급했던 건설사들 또한 부동산 개발 사업자라고 해도 무방하다. 주된 비즈니스 라인이 어디인지에 따라 건설 섹터와 부동산 섹터로 나눌 수 있다. 지금 소개하고자 하는 부동산 기업들은 모두 신도시 개발, 호텔, 상가, 상업지구 개발 등 부동산 자체에 투자하는 기업들을 말한다.

인도네시아에 상장되어 있는 모든 부동산, 건설 관련된 회사를 나열

회사명	종목 코드	Q1 PER				세부 업종
		2015	2014	2013	2012	
Bumi Serpong Damai	BSDE	12.3	14.6	6.2	21.3	
Lippo Karawaci	LPKR	18.4	1.82	31	22.3	
Summarecon Agung	SMRA	25.1	14	14.1	17.8	
Pakuwon Jati	PWON	18.9	10.8	15	14.5	부동산 개발
Ciputra Development	CTRA	24.5	19.3	19	32.7	
Alam Sutera Realty	ASRI	9.7	9.4	13	8.8	
Agung Podomoro Land	APLN	21.6	4.9	10.7	8.1	
Modernland Realty	MDLN	8.8	3.6	2.4	10.8	
Intiland Development	DILD	12.2	9.7	18.1	20	

하면 58여 개나 된다. 따라서 이번 장에서는 부동산의 대표 종목들만 소개하겠다.

2015년 7월 기준 시가총액이 큰 종목 중에서 거래량이 충분한 종목들만 선정해 표로 정리했다. 부동산 종목은 대부분 신도시 개발과 관련되어 있으며 주가의 급등락이 심한 종목들이기 때문에 각별한 주의가 필요하다.

부동산 개발에 따른 호재와 악재에 따라 주가 변화가 활발한데, 한국에서는 이에 대한 즉각적인 대응이 불가능하기 때문이다.

따라서 필자는 안정적인 종목으로 부미서르뽕 다마이_{Bumi Serpong} Damai, BSDE를 추천한다. 표에서 보는 바와 같이 PER 또한 업종 평균에 비해 크게 높지 않은 편이다. 부동산 업종 중 대장주이며 시가총액 또한 3조 원이 넘기 때문에 향후 안정적인 수익을 위한 투자에 적합하다.

이 종목만은
반드시 투자하라

- 부미서르뽕 다마이(Bumi Serpong Damai, 종목코드 : BSDE)

수도권의 가치는 상승할 수밖에 없다

인도네시아에 상장된 주요 부동산 종목 중에 시가총액 기준 가장 큰
회사는 바로 부미서르뽕 다마이Bumi Serpong Damai, BSDE다. 이는 단일
주식의 시가총액 기준을 말한 것이며 사실 매출액 기준 및 연결 자회
사까지 따진다면 찌뿌뜨라 디벨롭먼트Ciputra Development, CTRA가 될
것이다.

　이 두 회사가 대표 기업이라고 할 수 있다. 이 중에서도 필자가 부미
서르뽕 다마이를 추천하는 이유는 바로 신도시 개발, 신규 아파트 단
지 조성 등 소비재 관련 사업을 주로 영위하기 때문이다. 이뿐만 아니
라 4,000ha 이상의 토지를 보유하고 있어 향후 10년간의 개발 가능
물량이 확보되어 있다.

찌뿌뜨라의 경우는 자회사를 통해 오피스 빌딩 개발, 대형 쇼핑몰 개발 등의 영역까지 진출해있다. 현재 자카르타의 쇼핑몰, 오피스 빌딩은 이미 초과 공급이 되고 있는 상황이다. 실제 필자가 주말이나 평일에 시내 중심가에 위치해있는 몇몇 쇼핑몰을 방문해보면 인근의 회사에서 오는 점심 손님을 제외하면 사람 없이 한적한 곳들이 많이 눈에 띈다.

뿐만 아니라 오피스 빌딩, 쇼핑몰 등 높은 고급 건축물들은 국제 환율에 영향을 많이 받는다. 아무래도 대형 건축물에 사용되는 철근, 각종 건설기구 등이 활용되기 때문이다.

최근 인도네시아 환율은 1USD＝14,000Rp 정도로 루피아 가치가 40%가량 급락한 상태에서 머물러 있다. 메이뱅크 인도네시아Maybank Indonesia에 따르면 이런 대형 건축은 총 비용의 40%가 환율 변화에 따라 영향을 받는 반면에 아파트, 주택 등 소형 건축물은 10%가량 환율에 영향을 받는 것으로 분석되었다. 따라서 대형 건축물의 마진율이 떨어질 수밖에 없는 현실이다.

최근 자카르타 인건비의 급등으로 자카르타에 둥지를 틀고 있던 회사들이 자카르타 주변 지역이나 지방의 인건비가 저렴한 지역으로 이전하고 있다. 실제 회사 업무 차 자카르타 지역의 오피스 임대료 및 시세 등을 조사해본 적이 있다. 훌륭한 위치와 시설임에도 생각보다 임대료 및 시세가 그리 높지 않은 것으로 조사되었다. 또한 공실률도 높아 건물은 있으나 사무실은 입주가 안 된 상태인 경우도 많았다.

반면에 중산층 및 최저임금의 상승으로 자카르타 및 주변 지역의 아파트, 주택 가격은 고공행진을 지속하고 있다. 현재 임금 수준이 300달러 정도인 것을 감안하면 향후 20년간은 지속적인 아파트, 주택 수요 증가가 예상된다.

토지 개발 방법을 따져보면 찌뿌뜨라의 경우 토지를 매입해 개발을 진행하는 것이 아니고 토지 소유주와의 조인트벤처 등과 같은 계약을 통해 7 : 3으로 수익률을 분배하는 구조로 부동산 개발을 진행하고 있다. 반면에 부미서르뽕 다마이의 경우 실제 토지를 매입해 개발하는 방식을 주로 취하고 있다. 이와 같은 방법은 각기 장단점이 있다. 단기간에 사세를 확장하고 많은 프로젝트를 시행하는 데는 찌뿌뜨라의 방법이 유효하다.

필자는 주로 장기 투자를 추구하고 있기 때문에 실제 토지 매입을 통해 개발을 진행하는 부미서르뽕 다마이를 추천하는 것이다. 실제로 부동산 개발사 중 가장 많은 4800ha의 토지를 자카르타 및 주변 지역에 보유하고 있다. 이는 여의도의 16배에 달하는 크기다. 장기적으로 이러한 보유분 토지에 대한 지가 상승은 부미서르뽕 다마이의 가치를 한층 업그레이드 시켜줄 것이다.

인도네시아 최대 부동산 개발 회사 시나르마스

사실 부미서르뽕 다마이는 인도네시아 최대 부동산 개발 회사 시나르마스 랜드의 자회사다. 시나르마스 랜드는 싱가포르계 부동산 개발 회사로서 아시아푸드 부동산Asia Food & Properties이라는 회사 이름으로 싱가포르 주식 시장에 상장했던 회사다. 향후 인도네시아 부동산 투자에서 성공한 후 시나르마스 랜드Sinar Mas Land라는 현재의 사명으로 변경한다. 인도네시아 외에도 중국, 싱가포르, 말레이시아, 영국 등에서도 사업을 진행하고 있지만, 모두 더해도 인도네시아 매출액의 $\frac{1}{20}$이 안 될 정도로 미미한 수준이다.

시나르마스 랜드라는 회사는 인도네시아에서 성장했다고 해도 과언이 아니다. 외국계 부동산 회사가 인도네시아 시장에서 크게 성장하자 인도네시아 국민의 반감을 없애기 위해 인도네시아식 이름을 반영한 시나르Sinar : 빛나다 마스Mas : 금, 청년 이중적 의미로 변경한 것이 아닌가 추측해본다.

부미서르뽕 다마이는 자카르타 서부 외곽의 서르뽕Serpong이라는 지역 신도시 개발을 위해 설립되었으며 해당 도시는 회사 이니셜에서 따온 BSD시티다. 또 다른 자회사 두따 뻬르띠위Duta Pertiwi, DUTI를 통해 '그랜드 위사따'라는 신도시를 동부 자카르타 외곽 지역인 브까시Bekasi와 '꼬따 위사따'라는 신도시를 찌부부르Cibubur에 각각 개발 중에 있다. 다만 그 규모가 2,337ha인 부미서르뽕 다마이에 비하면 좀 더 작은 528ha, 105ha 수준이다.

따라서 부미서르뽕 다마이라는 회사는 BSD시티라는 신도시를 개발하는 회사라고 생각하면 된다. 정부 주도하에 모든 신도시가 개발되는 한국에서는 상상하기 쉽지 않은 규모와 개발 사업이라고 볼 수

부미서르뽕 다마이의 개발 중인 신도시

사업 영역	위치	외국인 허가 여부	보유토지
BSD시티	서르뽕	5,950ha	2,337ha
그랜드 위사따	브까시	1,100ha	528ha
꼬따 위사따	찌부부르	543ha	105ha

출처 : BSDE, 2014년 사업보고서

있다. 부미서르뽕 다마이라는 부동산 개발 회사가 일산, 판교 같은 신도시 전체를 직접 개발하고 있다고 생각하면 이해가 빠를 것이다.

그렇다면 BSD시티가 부미서르뽕 다마이에서 차지하는 비중이 어느 정도 될까? 다음 표에서 사전판매 기여도를 살펴보자.

왼쪽 그래프에서 보는 것과 같이 전체 사전판매에서 BSD시티가 차

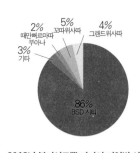

2013년 부미서르뽕 다마이 지역별 사전판매율

출처 : 부미서르뽕 다마이

지하는 비율이 86%에 달한다. 주거용 부동산 개발은 대부분 BSD시티에 집중하고 있음을 알 수 있다.

추가로 눈여겨볼 것은 부미서르뽕 다마이의 마진 비율이 매우 높다는 것이다. 영업이익이 45% 이상, 순수익률이 40% 이상으로 타 개발사와 비교를 해봐도 매우 높은 비율이다.

비교를 위해 찌뿌뜨라 디벨롭먼트를 살펴보면 영업이익률 30% 정도에 순수익률 17% 정도로 부미서르뽕 다마이에 비해 매우 낮다. 이는 사업구조에서 기인한 것으로 직접 토지를 매입해 개발하는 부미서르뽕 다마이의 개발 방식은 초기 자본 투자가 필요한 대신 토지 가치 상승에 따른 매도 차익까지 발생하는 것이다. 따라서 장기적으로 토지 가치 상승으로 인한 자산의 증대까지 꾀할 수 있는 것이다.

부미서르뽕 다마이는 BSD시티의 성공적인 안착 경험을 기반으로 수마트라Sumatra, 깔리만딴Kalimantan, 술라웨시Sulawesi 등의 도시 개발 사업으로 그 영역을 확장하고 있다. 현재와 같은 토지 매수 후 집중 개발 방식을 취한다면 개발 지역은 인도네시아 전역으로 확대될 것이다. 여기에 개발 이후 가치 상승에 따른 자산 증대는 덤으로 거두는 수익이 될 것이다.

이것이야 말로 진정 성장하는 인도네시아토지에 투자하는 장기 투자가 아니겠는가.

8장

실전, 인도네시아
주식 투자 따라 하기

인도네시아 주식 시장의 기본 이해하기

    사실 신흥국 해외 투자 시 가장 어려운 점은 정보를 구하기가 힘들다는 것이다. 정보가 생명인 주식 시장에서 정보의 부재는 해외 투자를 어렵게 만드는 큰 요인 중에 하나다.

    그럼 우선 인도네시아 주식 시장의 기초에 대해 알아보자.

인도네시아 주식 시장의 증권 거래 시간

인도네시아 증권 시장은 레귤러 마켓Regular Market, 캐시 마켓Cash Market, 네고 마켓Negotiation Market 3가지로 나뉜다. 이 중 캐시 마켓과 네고 마켓은 한국에서 참여가 어려우므로 배제하고 레귤러 마켓에 대해서만 간략히 소개하겠다.

    인도네시아의 레귤러 마켓은 말 그대로 정규장을 말한다. 한국과 다른 점은 오전장과 오후장으로 나뉘어 있다는 점이다. 그리고 금요일에는 이슬람 기도 행사로 오전장 마감 시간과 오후장의 시작 시간이 조금 다르다.

월~목요일을 기준으로 설명하면 오전 정규장은 오전 9시에 시작해서 12시에 끝난다. 정규장의 시작 전에는 프리오프닝 세션, 즉 오전 동시호가 시간이 존재한다. 오전 동시호가 오픈 시간은 오전 8시 45분부터 8시 55분까지다.

오전 동시호가 시간에는 가격 변동을 볼 수 없으며 전날 마감 가격을 기준으로 상한가와 하한가 사이의 가격을 입력해 거래를 진행한다. 이때 입력한 가격을 통해 8시 55분 01초부터 8시 59분 59초까지 정규장 시작 전에 시초가를 형성하게 된다. 시초가 형성 시간인 5분간은 거래가 불가능하다.

오후장은 오후 13시 30분부터 시작해 15시 49분 59초에 종료된다.

인도네시아 주식 시장의 증권 거래 시간

정규 거래 시간

요일	오전 동시호가	시초가 형성 (거래 불가)	오전장	오후장	오후 동시호가	최종가격 형성 (거래 불가)
월요일~ 목요일	08:45~ 08:55	08:55:01~ 08:59:59	09:00~ 12:00	13:30~ 15:49:59	15:50~ 16:00	16:00~ 16:15
금요일	08:45~ 08:55	08:55:01~ 08:59:59	09:00~ 11:30	14:00~ 15:49:59	15:50~ 16:00	16:00~ 16:15

출처 : 인도네시아 증권거래소

마찬가지로 오후 동시호가가 오후 15시 50분부터 16시까지 진행되며 역시 동시호가 전 마감된 가격 외의 정보는 보지 못한다.

기본적으로 한국의 정규 거래 시간과 같이 오전 9시에 시작하여 오후 4시에 마감한다고 생각하면 된다. 다만 오전장과 오후장으로 나뉘며 점심 시간에는 거래가 불가능하다는 것이 유의할 점이다. 그리고 인도네시아가 한국보다 2시간 느리기 때문에 한국 시간으로 오전 11시부터 거래가 가능함을 명심하자.

또한 한국의 증권 거래 시장은 오후 3시면 종료되기 때문에 증권사 업무 또한 마감에 들어간다. 실제 한국 증권사를 통해 거래해보니 오후 3시 이후에는 거래가 쉽지 않았다.

인도네시아 주식 시장의 거래 단위

인도네시아의 주식 거래 단위는 랏Lot이다. 1개의 랏이 100개의 주권으로 묶여 있으며 1랏이 최소 거래 단위다. 하지만 증권사 HTS 프로그램 및 시장 가격에는 1개 주권의 가격이 표기되어 있어 기본적으로 표기된 주권 가격에 × 100을 해야 실제 1랏의 구매 가격이 된다.

예를 들어 BCA은행의 1주 가격이 10,000루피아라고 가정해보자. 최소 거래 가능 단위인 1랏의 가격은 다음과 같다.

10,000루피아 × 100₁Lot = 1,000,000루피아

이렇게 1,000,000루피아가 실제 거래가 가능한 1랏의 가격이 된다. 한화로 1랏에 10만 원 정도이니 가격이 싼 종목은 아니다.

다음 표는 인도네시아 주식을 거래하는 데 있어 가장 기본적인 가격 변화를 나타내는 것이다. 거래 단위는 1Lot = 100주로 거래가 된다. 통화는 기본적으로 인도네시아 루피아로 거래되고 있으며 한국 증권사를 이용하는 경우 환전이 필요하다. 거래를 하기 위해서는 루피아로 환전이 되어 있어야 하기 때문에 사전에 환전해두는 것이 좋다. 다만 증권사에서 환전까지 해주고 있으니 큰 걱정은 하지 않아도 된다.

가격 변화의 경우에는 50Rp 이상 200Rp 이하 종목은 1Rp씩 호가가 변화한다. 200~500Rp, 500~5,000Rp 가격 범위는 각각 1Rp,

가격 단위 및 주가

거래 단위	1 Lot	100주
거래 통화	인도네시아 루피아(IDR : Rp)	
주가	호가	가격 제한폭
50Rp〈주가〈200Rp	1Rp	
200Rp〈주가〈500Rp	1Rp	
500Rp〈주가〈5,000Rp	5Rp	10%
5,000Rp〈주가	25Rp	
매매수수료	- 매수 시 0.8 / 매도 시 1.0(최소수수료 5만 원) - 계산 방법 : 거래 금액 X 0.8 Or 1.0 - 증권사별로 상이할 수 있음	

출처 : 인도네시아 증권거래소

5Rp가 호가 단위이며 주당 가격이 5,000Rp 이상인 종목은 25Rp씩 호가가 변화한다. 가격 제한폭은 2015년 8월 25일부터 모든 종목이 10%로 통일되어 과거와 같이 하루에 35%까지 수익을 기대하긴 힘들다과거에는 최대 35% 가격 제한폭까지 거래가 가능했다.

매매수수료는 증권사별로 상이하나 매수 시 0.8, 매도 시 1.0 정도가 보편적이다. 여기에 최소수수료가 5만 원이기 때문에 매매수수료가 5만 원 이하가 계산되더라도 5만 원이 기본으로 나가게 되어 있다. 1주만 거래를 하더라도 5만 원이 거래수수료로 나가는 구조다. 이는 해외 주식 거래가 아직 미미하기 때문이다. 거래가 확대됨에 따라 이 수수료는 점차 낮아질 것으로 예상된다. 다만 그때는 이미 많은 투자자가 해외 주식 거래를 하고 있을 것이므로 기회는 지금보다 못하다고 볼 수 있다. 매매수수료 대비 적절한 금액을 찾아보면 한 번 거래 시 630만 원 이상 거래를 해야 한다.

이는 매수와 매도 시 모두 부과되는 거래수수료이기 때문에 잦은 거래나 여러 종목을 사는 행위는 피하도록 하자. 이런 구조 때문에 해외 주식 투자, 특히 인도네시아 투자는 반드시 성장할 우량주를 신중하게 골라 장기로 투자해야 하는 것이다.

이 정도 내용만 알아두면 인도네시아 주식을 구매하는 데 큰 어려움은 없다.

인도네시아 주식 투자 따라 하기

인도네시아 주식 시장에 투자하는 방법으로는 현지 계좌를 오픈하여 원하는 종목을 실시간으로 구매하는 방법과 한국 증권사를 통해 구매하는 방법, 이렇게 2가지가 있다.

한국 거주자가 현지 계좌를 오픈하는 것도 가능하지만 세금 문제나 이체수수료 등 추가 비용이 발생하는 어려움이 있다. 미래에 자금 인출 시에도 여간 불편한 게 아니다. 뿐만 아니라 미신고 시 역외 탈세 등 다양한 문제에 봉착하게 된다. 따라서 현지 계좌 개설에 대해서는 소개하지 않도록 하겠다. 필자 또한 장기 투자를 추구하기 때문에 현지 계좌 개설은 권하지 않는다. 한국의 증권사를 통해서도 인도네시아 주식을 구매할 수 있다는 사실만 숙지하면 된다.

미국, 중국, 일본의 경우 국내 증권사 HTS를 통해 매수와 매도가 가

	현지 계좌 운영	한국 증권사
장점	- HTS(온라인 트레이딩 시스템)를 통해 직접 실시간 거래 가능 - 최소수수료가 크지 않기 때문에 단타, 소액 매매 시 유리	- 거액, 장기 투자 - 증권사 직원 등에 다양한 정보 요청 가능 - 증권사 별로 양도소득세 무상 처리, 자동 계산 프로그램 등을 운영 중에 있음 - 주요국의 경우 기존의 HTS를 사용하므로 편리하고 친숙함 - 해외 ETF 등 다양한 직간접 투자 상품 존재
단점	- 국가별로 HTS가 미도입되어있는 곳 존재 - 송금수수료, 환전수수료 등 발생 - 거액 송금 시 국세청 등에 통보 - 자동 국세청 통보 시스템으로 차후 추적 시 양도소득세에 추가 미납 벌금 발생	- 미국, 중국, 홍콩, 일본 등 몇몇 주요국을 제외하고 타국은 HTS를 통한 실시간 거래 불가 - 국가별 증권사별 상이한 최소수수료가 존재해 단타, 소액매매에 불리 - 양도소득세 발생 - 실시간 차트 이용 시 비용 발생

출처 : 인도네시아 주식 투자 연구소(네이버 카페)

능하며 실시간 가격 변화 등을 볼 수 있다. 하지만 인도네시아는 아직 HTS가 지원되지 않기 때문에 증권사 브로커를 통해 전화주문을 해야 한다.

아직 인도네시아 투자를 지원해주는 증권사는 많지 않기 때문에 반드시 내가 거래하는 증권사에서 인도네시아 투자를 지원하는지에 대한 확인이 필수다.

인도네시아 투자를 위해 계좌를 개설하고자 한다면 다음과 같은 절차를 통해 진행하면 된다.

1. 증권사를 방문해 해외 주식 거래 의사를 밝힌다(신분증 지참).

2. 일반 계좌 개설 서식을 작성한다.

3. 해외 주식 거래 서식을 작성한다.

4. 계좌 개설을 완료한다.

5. 원화를 계좌에 입금한다.

6. 거래 전 환전을 요청한다.

7. 환전 후 전화주문을 한다.

필자의 조사에 따르면 현재 인도네시아 투자가 가능한 증권사는 신한금융투자, NH투자증권, 리딩투자증권 정도로 파악된다. 각 증권사별로 해외 주식 거래를 위해서는 해외 주식 거래 신청을 먼저 해야 한다. 이는 미국, 일본, 중국 거래를 위해 이용하는 해외 주식 거래 계좌와 같은 방식이다. 다만 미국, 일본, 중국 등과는 다르게 실시간 차트 및 실시간 거래가 불가능하고 반드시 증권사 직원을 통한 전화주문만 가능하다.

아직까지 인도네시아 주식을 거래하는 투자자가 많지 않기 때문에 제대로 대응해주는 곳이 많지 않을 것이다. 뿐만 아니라 해당 시장에 대해 잘 모르기 때문에 상담을 받거나 종목에 대한 정보를 얻는 것은 거의 불가능에 가깝다. 따라서 인도네시아 투자에 관심이 많다면 필자에게 상담을 요청해도 좋겠다.

증권사 직원을 통한 인도네시아 주식 거래수수료의 경우

0.8~1.0% 정도이지만 최소수수료가 있기 때문에 한 번 거래마다 최소수수료 이상의 거래액이 아니라면 거래를 신중히 고려하자. 최소수수료 액수가 만만치 않기 때문에 잦은 거래 시 자칫 수수료로 인한 손해가 발생할 수 있다.

뿐만 아니라 주가 상승 시 세금 문제에 대한 이슈가 발생할 수 있어 걱정하시는 분들이 많다. 간략하게나마 세금에 대해서 정리해보겠다.

양도소득세는 아래의 계산식과 같다. 총 1억 원을 해외 주식에 투자해서 20% 수익인 2,000만 원의 수익이 발생했다고 가정해보자.

1. 〔1억 원의 20% 수익률 2,000만 원 – 250만 원(해외투자 기본 공제액)〕 X 22% = 385만 원
2. 세후 총 금액 = 투자금을 포함한 총 수익금 1억 2,000만 원 – 385만 원 = 1억 1,615만 원

착각하기 쉬울 수 있는데 투자금의 22%가 아닌 주가 수익률의 22%를 양도소득세로 내야 한다양도소득세 20%, 지방세 2%. 여기에 기본적으로 해외 투자 시에는 250만 원이 세액 책정에서 공제된다.

지금까지 인도네시아 투자를 위한 기본 정보를 확인해보았다. 얼핏 보면 제한 사항이 많은 것처럼 보이나, 한국 증권사를 통해 거래하면 자금의 입출금이 자유롭고, 향후 주가 상승으로 인한 양도소득세 발생 등을 한국의 증권사에서 모두 처리해주고 있어서 편리하다.

장기적인 관점에서 투자를 진행한다면 한국 증권사를 통한 거래를 추천한다. 아직까지 인도네시아 투자를 지원하는 증권사가 많지 않아 불편한 점도 있지만, 이는 인도네시아 시장이 아직 미개척 시장이며 성장 가능성이 크다는 것을 방증한다.

필자 또한 인도네시아 주식을 좀 더 쉽고 편리하게 거래하기 위해 연계 가능한 증권사를 적극적으로 접촉 중에 있다. 인도네시아 주식과 관련하여 정보를 얻고자 한다면 네이버 카페 〈인도네시아 주식 투자 연구소〉cafe.naver.com/innistock를 방문하면 좋겠다.

이 책에 소개된 종목을 중심으로 일단 투자를 시작해보면 인도네시아 주식 투자가 그리 어렵지 않다는 것을 알 수 있을 것이다. 시작이 반이라고 하지 않는가. 독자 여러분의 건투를 빈다.

인도네시아 '유망 종목 TOP 20!'

1. 유니레버 인도네시아(Unilever Indonesia Tbk.)

업종	소비재, 화장품, 생활용품	주식 발행 현황 (2015년 11월)	
거래 시장	IHSG		
설립일	1933.12.03	총 주식 수 (단위 : 백만 주)	7,630
종목코드	UNVR		
거래 단위	100주		

사업 내용 및 전망 : 영국 – 네덜란드계 회사로서 인도네시아 최대의 소비재 제조 업체다. 전 세계 및 인도네시아 시장에서 네슬레, 프록터앤드갬블 등과 경쟁관계에 있다. 바세린, 치약, 세제, 샴푸, 세안제, 비누 등 다양한 생활용품을 인도네시아 공장에서 직접 제조하고 있으며 중저가 시장을 타깃으로 하고 있다. 현재 시가총액 6위 정도의 대형 종목으로 상장 이후 끊임없이 상승세를 보이며 인도네시아 증시 상승을 주도하고 있다. 생활용품이 주력 사업으로 전체 매출액의 73%를 차지하고 있으며 그 외 27%는 음식료 제품 사업이다. 인도네시아에서 가장 유망한 소비재 업종의 대장주로서 지난 4년간 매출액 기준 매년 15% 이상 성장해오다 2014년에는 10%로 주춤했다. 총 주식 수가 적고, 주당 3만 루피아 이상의 고가 종목으로 향후 주식 분할 등을 통한 거래 활성화와 추가 주가 상승 등도 기대되는 종목이다.

2. 쁘루사하안 가스 느가라(Perusahaan Gas Negara Persero)

업종	가스, 운송, 에너지	주식 발행 현황 (2015년 11월)	
거래 시장	IHSG		
설립일	1965.05.13	총 주식 수 (단위 : 백만 주)	24,241
종목코드	PGAS		
거래 단위	100주		

사업 내용 및 전망 : 인도네시아 정부에서 운영하는 최대의 천연가스 공급, 운송 업체다. 인도네시아 전역에 가스 공급망 인프라를 소유하고 있으며 주로 인도네시아 지방정부와 현지 개인투자자들의 공동 투자를 통해 인프라를 개발, 확보하고 있다. 시가총액 상위권의 우량한 종목이며 상장 이후 지속적인 상승세를 보이고 있다. 최근에는 글로벌 경기 불황으로 공장 가동률 등이 축소되며 수익이 감소세를 보이고 있다. 다만 필수적으로 사용해야 하는 가스를 공급하는 회사로서 안정적이고 장기적인 투자 수익률을 보장하는 종목이다. 배당 수익률 4%로 높은 배당률 성향을 보여 경기 방어주로 적극 활용할 수 있다.

3. 방 라꺗 인도네시아(Bank Rakyat Indonesia Pesero)

업종	금융, 은행	주식 발행 현황 (2015년 11월)	
거래 시장	IHSG		
설립일	1968.12.18	총 주식 수 (단위 : 백만 주)	24,422
종목코드	BBRI		
거래 단위	100주		

사업 내용 및 전망 : 자산 규모 및 시가총액 기준 인도네시아의 2위 은행으로서 주로 중소기업 금융 및 서민 금융에 집중하고 있다. 한국의 기업은행과 유사한 성격을 가지고 있으며 1968년도에 설립되어 오래된 역사와 전통을 자랑한다. 2011년 $\frac{1}{2}$로 주식 분할 후 지속적인 주가 상승을 통해 현재는 주식 분할 전 가격에 거의 근접해 단순 계산으로 4년간 100%의 상승률을 보이고 있다. 올해 초만 해도 3위 은행이었으나 최근 지속적인 자산 가격의 상승으로 국영 은행인 만디리를 제치고 BCA에 이어 2위 은행 자리를 지키고 있다. 현지에서는 약어인 BRI(베에리)로 더 잘 알려져 있으며 인도네시아 정부가 56% 이상의 지분을 보유하고 있는 안전하고 장기 성장 가능성이 높은 국영 기업이다.

4. 숨버르 알파리아 뜨리자야(Sumber Alfaria Trijaya Tbk.)

업종	무역, 리테일, 편의점	주식 발행 현황	
거래 시장	IHSG	(2015년 11월)	
설립일	1989.02.22	총 주식 수 (단위 : 백만 주)	38,614
종목코드	AMRT		
거래 단위	100주		

사업 내용 및 전망 : 인도네시아 최대의 편의점인 알파마트를 운영하고 있는 회사다. 1989년 종합상사로 설립된 후 1999년 편의점 사업을 시작하면서 급속도로 성장했다. 2002년 141개의 알파미니마트 아울렛을 인수하며 현재의 알파마트로 사명을 변경하였다. 현재 9,800개 이상의 미니마트(편의점)를 전국에 운영하고 있다. 인도네시아 소비자들은 특성상 대형마트에서의 대용량 제품보다 미니마트에서의 소용량 제품을 주로 사용한다. 이는 아직까지 저소득층이 많은 데서 기인하며 이와 같은 소비 성향은 당분간 지속될 것으로 보인다. 무엇보다 인도네시아 전역에 마트를 운영하므로 그 브랜드 가치가 크고, 확보된 유통망을 통해 향후 다양한 사업이 전개 가능할 것으로 기대된다.

5. 아디까랴(Adhi Karya Persero Tbk.)

업종	부동산 개발, 건설, 인프라	주식 발행 현황	
거래 시장	IHSG	(2015년 11월)	
설립일	1960.03.11	총 주식 수 (단위 : 백만 주)	1,801
종목코드	ADHI		
거래 단위	100주		

사업 내용 및 전망 : 인도네시아 정부에서 운영하는 국영 건설 업체다. 부동산 개발 외에도 고속도로, 대교건설, 철도건설, 발전소 사업 등 다양한 인프라 산업을 수행하고 있어 향후 정부 정책의 수혜를 많이 받을 수 있는 종목이다. 최근 부동산 경기 침체로 다소 주춤하는 경향을 보였으나 시장 인기 종목으로 경기 회복 시 가장 먼저 상승을 주도할 종목이라고 할 수 있다.

6. 마따하리 디파트먼트 스토어(Matahari Department Store Tbk.)

업종	무역, 서비스, 투자, 리테일	주식 발행 현황 (2015년 11월)	
거래 시장	IHSG		
설립일	1958.10.24	총 주식 수 (단위 : 백만 주)	2,917
종목코드	LPPF		
거래 단위	100주		

사업 내용 및 전망 : 인도네시아 최대의 백화점 회사다. 1985년 무역업을 시작으로 1972년 백화점 사업을 통해 지금의 사세 확장을 일구었다. 주로 패션, 액세서리, 미용용품을 판매하고 있으며 제품 가격대는 중저가를 타깃으로 하고 있다. 현재 백화점 시장의 31% 점유율을 차지하면서 시장을 이끌어가고 있지만 2011년 부실기업 메도우 인도네시아를 인수하며 부채 급증으로 현재까지 배당금 지급은 이루어지지 않고 있는 상황이다. 다만 매년 순수익 증가율 30%에 육박하는 성장률로 급성장하는 회사로서 향후 성장성이 기대된다. 배당금보다는 가격 상승을 목표로 장기 투자로 접근하는 것이 좋다.

7. 메디아 누산따라 찌뜨라(Media Nusantara Citra Tbk.)

업종	무역, 서비스, 투자, 광고, 인쇄&온라인 매체	주식 발행 현황 (2015년 11월)	
거래 시장	IHSG		
설립일	1997.06.17	총 주식 수 (단위 : 백만 주)	13,956
종목코드	MNCN		
거래 단위	100주		

사업 내용 및 전망 : 동남아시아의 가장 큰 미디어 회사로서 MNC TV채널을 보유하고 있다. 인도네시아 전역에 총 10개의 무료 공영방송 중 RCTI, MNCTV, GlobalTV 3개의 채널을 서비스하고 있다. RCTI 21.5%, MNCTV 12.2%, GlobalTV 6.4% 등 프라임 시간대에 40%의 시청률을 유지하고 있으며 18개의 유료 채널 또한 운영 중에 있다. 방송 광고를 주요 수익원으로 두고 있으며 2017년까지 매년 15% 광고 수익성장률을 목표로 하고 있다. 유료 채널의 경우 9%의 점유율 정도로 아직 미미한 편이나 2020년까지 17% 점유율을 기대하고 있는 중요한 수익원 중 하나다. 상장 후 2013년까지 지속적인 가격 상승을 보이다 최근 주춤한 모습을 보이고 있다. 하지만 다양한 인기 프로그램 보유와 적극적인 프로그램 개발로 향후 수익률 개선 및 주가 상승이 기대되는 종목이다.

8. 에이스 하드웨어 인도네시아(Ace Hardware Indonesia Tbk.)

업종	무역, 서비스, 투자, 리테일	주식 발행 현황 (2015년 11월)	
거래 시장	IHSG		
설립일	1995.02.03	총 주식 수 (단위 : 백만 주)	1,715
종목코드	ACES		
거래 단위	100주		

사업 내용 및 전망 : 인도네시아의 가장 큰 생활용품, 주택 개조용품 판매 사업체로 현재 인도네시아 전역의 대도시에서 95여 개 매장을 운영하고 있다. 상장 후 지속적인 상승세로 3배 이상 급등했으나 2012년 $\frac{1}{10}$ 주식 분할 이후 지지부진한 주가 흐름을 보여주고 있다. 주요 비즈니스 라인에는 주택 개조용품, 생활용품, 완구 세 가지를 들 수 있으며 특히 2010년 완구 왕국을 모토로 한 비즈니스 확장에 주력해왔다. 여기서 완구 왕국이란 비단 어린이들을 위한 장난감뿐만 아니라 주택 개조 등을 위해 활용하는 도구들 또한 어른들의 장난감으로, 모두를 위한 장난감이라는 컨셉을 말한다. 현재 완구, 페인트, 공구 등 8만여 개가 넘는 제품들을 판매하고 있으며 가족단위의 쇼핑객들에게는 필수 쇼핑 코스로 자리매김하고 있다.

9. 키미아 파르마(Kimia Farma Tbk.)

업종	소비재, 제약	주식 발행 현황 (2015년 11월)	
거래 시장	IHSG		
설립일	1969.01.23	총 주식 수 (단위 : 백만 주)	5,554
종목코드	KAEF		
거래 단위	100주		

사업 내용 및 전망 : 인도네시아 최대의 국영 제약사다. 제약뿐만 아니라 화학, 바이오, 화장품, 건강식품 등 다양한 상품군으로 소비자들에게 익숙한 회사다. 직접 약국을 운영해 유통망 확보에 유리한 고지를 선점하고 있으며 매년 순수익성장률 10% 이상을 보여주는 성장성이 높은 회사다. 최근 인도네시아 신정부의 출범으로 의료 산업 확대와 보편적 의료 혜택 확대를 위한 의료보험법 개정 등 제약사에 유리한 법안의 추진 중에 있으므로 장기 투자에 좋은 종목이다. 90%가 인도네시아 정부 지분으로 유통 물량은 적지만 향후 민영화 등에 따른 수혜 또한 기대된다.

10. 차론 폭판드 인도네시아(Charoen Pokphand Indonesia Tbk.)

업종	화학, 사료	주식 발행 현황 (2015년 11월)	
거래 시장	IHSG		
설립일	2006.01.27	총 주식 수 (단위 : 백만 주)	1,695
종목코드	CPIN		
거래 단위	100주		

사업 내용 및 전망 : 동물용 식용 사료를 생산하는 업체로 인도네시아에서 가장 많이 소비되는 식용 종계의 사육, 판매업까지 사업군으로 속해 있다. 인도네시아에서 가장 큰 계육 및 양계용 사료 생산 업체로서 매년 지속적인 증가율을 보이고 있다. 최근 원재료인 대두 가격 및 옥수수 가격이 10년 동안 최저가를 기록하며 원가 하락으로 인한 수익률 기대가 높은 종목이다. 최근 가공식품 산업에 뛰어드는 등 식품 산업에서의 성장도 기대된다. 인도네시아 인구의 87% 이상이 이슬람 신자로서 돼지고기 섭취가 금지되어 있기 때문에 주로 닭고기를 소비한다. 따라서 지속적이고 안정적인 수익률이 보장되어 있는 종목이다. 다만 조류 인플루엔자 등 뉴스가 있을 때마다 매출이 급감하므로 등락에 유의할 필요가 있다.

11. 니뽄 인도사리 코핀도(Nippon Indosari Corpindo Tbk.)

업종	식음료, 제빵	주식 발행 현황 (2015년 11월)	
거래 시장	IHSG		
설립일	1995.03.08	총 주식 수 (단위 : 백만 주)	5,061
종목코드	ROTI		
거래 단위	100주		

사업 내용 및 전망 : 한국의 삼립식품 같은 종목으로서 주로 소비재 인스턴트 브랜드 빵을 만드는 회사다. 슈퍼나 편의점에서 파는 포장된 빵을 팔고 있는데, 인도네시아 시장에서 점유율이 무려 90%에 이른다. 실제로 진열대에는 니뽄 인도사리 코핀도의 브랜드인 사리로띠로 점령되어 있다. 매출액 기준으로 매년 35%씩 급성장하는 종목이며 인도네시아인들의 잦은 간식 문화로 그 수요가 많아 공급이 수요를 따라가지 못할 정도다. 또한 니폰 인도사리 코핀도의 최대 고객이자 유통망인 인도마크로 프리스따마(매출액의 35% 차지)와 숨버르 알파리아 뜨리자야(매출액의 25% 차지) 등 편의점 사업이 급성장하며 이에 따른 수혜가 기대된다. 뿐만 아니라 제과점 빵보다 인스턴트 브랜드를 선호하는 특성이 있어 전체 제빵 소비량 중 70%가 인스턴트 브랜드를 소비하고 있다. 아시아 평균의 $\frac{1}{10}$ 정도만 제빵 소비가 이루어지고 있어 미래 성장 가치도 높다.

12. 마요라 인다(Mayora Indah Tbk.)

업종	식음료, 제과	주식 발행 현황 (2015년 11월)	
거래 시장	IHSG		
설립일	1977.02.17	총 주식 수 (단위 : 백만 주)	766
종목코드	MYOR		
거래 단위	100주		

사업 내용 및 전망 : 1948년부터 식품 사업을 영위한 인비스코 그룹의 자회사로서 한국의 오리온과 같은 종목이라고 생각하면 이해가 빠르다. 초콜릿류 과자를 시작으로 현재는 캔디, 껌, 비스킷, 쿠키 등 다양한 종류의 제과를 생산해 국내외에 판매하고 있다. 한국에서도 마요라 인다의 제품이 수입 판매되고 있다. 국내뿐 아니라 미국, 중국, 일본, 영국 등 전 세계에 쿠키 및 비스킷을 판매하고 있는 인도네시아의 몇 안 되는 수출 기업 중 하나다. 매년 매출액 기준 10% 이상 고성장하고 있으며 2014년 설비 투자 증가로 적자 전환했다. 이로 인해 주가는 많이 하락한 상태이나 2015년 상반기 기준 매출액이 2013년 연간 총 매출액을 이미 돌파할 정도로 급성장하고 있는 회사다. 인도네시아 산업 중 가장 유망한 소비재 종목이고 주가가 빠져 있는 상태이기 때문에 매수하기에 더할 나위 없이 좋은 종목이다.

13. 한자야 만달라 삼뻐르나(Hanjaya Mandala Sampoerna Tbk.)

업종	담배, 제조	주식 발행 현황 (2015년 11월)	
거래 시장	IHSG		
설립일	1905.03.27	총 주식 수 (단위 : 백만 주)	4,383
종목코드	HMSP		
거래 단위	100주		

사업 내용 및 전망 : 2005년 필립모리스 인도네시아에서 인수 후 98% 지분을 보유하고 있어 유통 물량이 많지는 않으나 지속적인 성장을 거듭하고 있는 인도네시아 최대 담배 제조사다. 전체 시장의 34% 점유율을 차지하고 있으며 고급 담배 시장을 주로 공략하고 있는 회사다. 큰 폭의 성장은 아니지만 꾸준한 성장을 이어오고 있다. 자회사를 통해 식품, 유통, 광고 등 다양한 산업 분야에 진출해있다. 지난 10년간 10배 이상의 꾸준한 주가 상승을 보였으나 최근 조정을 받고 있으므로 매수에 용이하다. 불황에도 아랑곳하지 않고 꾸준한 상승세를 보이고 있기 때문에 포트폴리오의 경기방어주로 구성해도 좋은 종목이다.

14. 아스트라 인터네셔널(Astra International Tbk.)

업종	자동차, 금융, 중장비 등	주식 발행 현황 (2015년 11월)	
거래 시장	IHSG		
설립일	1957.02.20	총 주식 수 (단위 : 백만 주)	40,483
종목코드	ASII		
거래 단위	100주		

사업 내용 및 전망 : 2015년 기준 225,580명의 직원과 자회사 및 관계사를 포함해 모두 183개의 회사로 이루어진 인도네시아 최대의 비즈니스 회사 중 하나다. 자회사를 통해 자동차, 농업, 중장비, 금융, 정보통신, 인프라 유통 등 6가지의 주요 비즈니스를 수행하는 홀딩 회사다. 이 중 자동차, 오토바이 사업 분야가 단연 독보적인데 인도네시아 전체 시장의 50~60% 점유율을 차지하고 있다. 특히 일본 회사인 도요타와 조인트 벤처를 통해 인도네시아 시장에 판매하고 있으며 다이하츠, 니산, 푸조, BMW, 혼다 등 다양한 외국산 차와의 협력사로 국내 시장에 공급 중에 있다. 글로벌 경제 불안정으로 최근 4년간 총 매출 및 순수익 증가율은 주춤하고 있으나 경기 회복 후 성장세가 두드러질 것으로 기대되는 종목이다.

15. AKR 코퍼린도(AKR Corporindo Tbk.)

업종	무역, 석유, 화학제품 유통	주식 발행 현황 (2015년 11월)	
거래 시장	IHSG		
설립일	1977.11.28	총 주식 수 (단위 : 백만 주)	3,851
종목코드	AKRA		
거래 단위	100주		

사업 내용 및 전망 : 인도네시아 최대의 석유화학 제품 유통 회사다. 깔리만딴, 람뿡, 메단, 자카르타, 수라바야 등에 탱크 터미널, 유통망 인프라 구축 등을 통해 석유 및 화학제품을 유통하고 있다. 또한 자회사를 통해 의약품, 치약에 쓰이는 솔비톨 생산, 무역업, 석탄 무역업 등을 함께 영위하고 있다. 글로벌 경기 둔화로 인도네시아 내수 시장 둔화 우려에도 불구하고 2015년 1~2분기 수익률이 전년 동기대비 50% 이상 급등하며 주가 상승을 이끌어내고 있다. 무역업 특성상 달러환 거래가 많아 인도네시아 환율 약세에 따른 수혜를 보는 특징이 있으며 꾸준한 성장세에 있기 때문에 장기적으로 투자하기 적절한 종목이다.

16. 미뜨라 끌루아르가 까라세핫(Mitra Keluarga Karyasehat Tbk.)

업종	헬스케어 서비스, 병원	주식 발행 현황 (2015년 11월)	
거래 시장	IHSG		
설립일	1996.	총 주식 수 (단위 : 백만 주)	261
종목코드	MIKA		
거래 단위	100주		

사업 내용 및 전망 : 2015년 3월 24일에 신규 상장된 종목으로 인도네시아 자카르타, 수라바야, 뜨갈 등에 11개의 병원을 운영하고 있는 대표적인 헬스케어 종목이다. 상장 후 단숨에 시가총액 20위로 올라왔으며 지속적인 성장세를 보이고 있으나 종목에 대한 정보가 많지 않기 때문에 신중한 접근이 필요하다. 20개의 고급 인터내셔널 병원을 운영하고 있는 실로암 병원을 자회사로 두고 있는 부동산 전문 회사 리포그룹의 상장사 리포카라와치(LPKR)와 리포치까랑(LPCK)의 시가총액 순위가 각각 31위와 129위인 것을 감안한다면 고평가되어 있다고 할 수 있다. 다만 본문에서 언급했듯이 헬스케어 사업의 성장성이 무궁무진하고 이러한 헬스케어 사업 분야에서 이름을 알리는 데 성공했기 때문에 향후 성장성을 기대해볼 만하다.

17. 타워 버르사마 인프라스트럭쳐(Tower Bersama Infrastructure Tbk.)

업종	인프라, 통신	주식 발행 현황 (2015년 11월)	
거래 시장	IHSG		
설립일	2004.11.08	총 주식 수 (단위 : 백만 주)	4,796
종목코드	TBIG		
거래 단위	100주		

사업 내용 및 전망 : 타워 버르사마 그룹의 자회사로서 인도네시아 최대의 통신 인프라 건설 및 공급 서비스 회사다. 통신 안테나와 기지국 대여 등을 주요 사업으로 하고 있으며 2012년 인도샷의 2,500개 타워를 인수함으로써 총 8,866개의 통신 타워를 운영하고 있다. 텔콤셀(TLKM), 인도샷(ISAT), 엑셀(EXCL) 3대 통신사가 주요 고객이며 텔콤셀의 매출액 기여도가 26%로 가장 높다. 정부의 통신 인프라 확대 정책으로 2014년까지 매출과 주가는 급등했으나 2015년은 주춤하고 있는 모습이다. 아직까지 인도네시아 통신 환경은 턱없이 부족한 상태이기 때문에 통신 산업의 성장에 발맞추어 지속적인 성장세를 보일 것으로 예상된다.

18. 땀방 바뚜바라 부낏 아쌈(Tambang Batubara Bukit Asam Tbk.)

업종	광업	주식 발행 현황 (2015년 11월)	
거래 시장	IHSG		
설립일	1981.03.02	총 주식 수 (단위 : 백만 주)	2,304
종목코드	PTBA		
거래 단위	100주		

사업 내용 및 전망 : 인도네시아 최대의 석탄 회사로서 인도네시아 정부 소유의 광산 회사다. 2011년도까지 국내 수요와 해외 수출 비중이 60:40% 정도로 국내 수요가 더 높았으나 해외 수출의 지속적인 증가로 현재는 45:55% 정도로 해외 수출 비중이 더 높은 상황이다. 글로벌 경기 침체에도 불구하고 해외 수출은 지속적인 성장을 구가하고 있다. 국내 전력 가격의 상승 등으로 국내 소비는 주춤하고 있으나 중산층의 성장 확대 및 국내 기업들의 투자가 활성화된 다면 국내 소비 또한 증가할 것으로 보인다. 국내 소비는 대부분 국영 전력 회사인 쁘루사하 안 리스트릭 느가라(PLN)의 발전소에 공급되고 있으며 2012년부터는 직접 발전소 건설을 통해 전력을 PLN에 납품해오고 있다. 5년 전에 비해 $\frac{1}{4}$ 가격으로 하락해있는 상태이므로 상승 전환 후 접근한다면 좋은 수익을 얻을 수 있다.

19. 아네까 땀방(Aneka Tambang Tbk.)

업종	광업	주식 발행 현황 (2015년 11월)	
거래 시장	IHSG		
설립일	1968.07.05	총 주식 수 (단위 : 백만 주)	9,538
종목코드	ANTM		
거래 단위	100주		

사업 내용 및 전망 : 인도네시아 정부 소유의 광업 회사다. 인도네시아의 경우 한국과는 다르게 지하자원이 많이 매장되어 있다. 그중 금의 매장량은 세계 7위를 기록할 정도로 자원 부국이다. 금, 페로니켈(니켈 약 20%와 철의 합금), 니켈 원석이 주요 채굴 분야다. 최근 글로벌 경기 불황으로 니켈 소비가 감소하고 금, 은 가격 하락 등 원자재 가격이 급락하면서 회사의 매출 액 또한 급감하고 있다. 이에 따라 현재 주가는 2002년 수준으로 급락한 상태다. 초창기 투자로 적합한 종목 중에 하나이며 글로벌 경기가 회복되면 가장 먼저 수혜를 입을 것으로 예상되는 종목이다. 장기간 주가가 침체되어 있을 가능성이 높기 때문에 안전한 접근을 위해서는 상승 전환을 확인하고 매수하는 것을 추천한다.

20. 발레 인도네시아(Vale Indonesia Tbk.)

(★투자주의)

업종	광업	주식 발행 현황 (2015년 11월)	
거래 시장	*IHSG		
설립일	1968.07.25	총 주식 수 (단위 : 백만 주)	9,936
종목코드	INCO		
거래 단위	100주		

사업 내용 및 전망 : 브라질에 본사를 두고 있는 세계 2위의 광업 회사 발레 캐나다의 자회사로서 니켈 생산을 주요 비즈니스 라인으로 두고 있다. 뿐만 아니라 전략적 투자자로서 일본의 스미토모 사 또한 20%의 지분을 가지고 있으며 발레 인도네시아와 합작으로 니켈 제련 공장을 세우기로 최근 합의하였다. 이와 같은 움직임은 인도네시아 자국 광물 자원 보호 정책으로 원석 수출 금지령이 내려지면서 제련을 통한 수출을 준비하기 위한 것으로 보인다. 인도네시아 최대의 광업 회사로서 글로벌 니켈 생산의 3%를 담당하고 있다. 인도네시아 소로아코 광산의 경우 뉴칼로도니아의 SNL 광산에 이어 세계 2위의 매장량 및 생산량을 기록하고 있다. 또한 인도네시아 광물 수출금지법의 발효로 글로벌 공급이 축소되었는데, 글로벌 경기가 회복한 이후 니켈 가격이 급등할 것으로 보이며 이에 대한 수혜를 받을 수 있는 종목이라고 판단된다. 최근 주가는 2010년에 비해 $\frac{1}{4}$ 가격으로 하락해있는 상태이므로 지속적으로 관심을 보이다가 상승 전환 시 접근한다면 좋은 수익률을 얻을 수 있을 것이다.

※ 투자주의 : 광업 종목은 글로벌 경기 둔화로 인해 접근에 유의해야 함을 명심하자.

* IHSG : 인도네시아 증권 거래소(IDX)의 종합주가지수

세계 투자자들의 대세,
'미국 주식 투자 실전 가이드북!'

최근 5년간 미국 VS 한국 수익률?
미국 나스닥 126%, 한국 코스피 28%

워런 버핏이 보유한 주식 TOP 10은
대부분 '미국 증시에 상장되어 있다!'

지금 미국은 글로벌 1등주들의 만찬
대한민국 1등이 아니라,
'글로벌 1등에 투자하라!'

김세환 지음 | 신국판변형 | 올컬러 | 216쪽 | 값 15,000원

중국 주식에 꽂힌
'강남 부자들의 재테크 필독서!'

일본, 한국 그다음은 중국이다!

만약 당신이
1990년에 삼성화재에 투자하고
2007년까지 보유하였다면
500배라는 엄청난 수익,
'천만 원'으로 '50억 원'을 만들었을 것이다!

대한민국 잃어버린 주식 20년을
'중국 주식에서 되찾자!'

정순필 지음 | 신국판변형 | 228쪽 | 값 13,000원

(S) 신한금융투자

강한 리서치 경쟁력 기반의 글로벌 투자 10년 노하우
해외투자! 신한금융투자에서 답을 찾자

📗 인도네시아 주식 투자하기

주문가능 시간	·오전장 - 11:30~14:00(금요일 11:30~13:30) ·오후장 - 15:30~18:00(금요일 16:00~18:00)
주문 방법/증거금	오프라인 전화주문 : 02)3772-2525
거래 통화	인도네시아루피아(IDR) ※ 환전 가능 시간 09:00~18:00
거래 단위(수량)	500주=1Lot

거래 단위(호가)	주가	호가
	<Rp200	Rp1
	Rp200 to < Rp500	< Rp5
	Rp500 to < Rp2,000	< Rp10
	Rp2,000 to < Rp5,000	< Rp25

1일 가격 제한폭	모든 종목 10% * Rp50-200 : * Rp200-5,000 : ※ 2015년 8월부터 모든 종목 10%로 통일. * Rp5,000이상 : 그전에는 최대 35%까지 거래 가능했음
결제일 (한국 기준)	·매수 : 매수대금 출금(T+1), 유가증권 입고(T+3) ·매도 : 유가증권 출고(T+3), 매도대금 입금(T+3) ※ 현지 및 한국 휴장일에 따라 결제기간은 변경될 수 있음
매매수수료	오프라인 : 거래금액 *0.5% (최소수수료 : 450,000IDR)
제비용	매도 시 인지세 0.1% 별도 부과

※ 해외주식 거래 계좌는 신한금융투자 및 신한은행에서 개설 가능합니다.

※ 금융투자상품은 예금자 보호법에 따라 예금보험공사가 보호하지 않으며, 투자원금 손실이 발생할 수 있습니다.
※ 당사는 금융투자상품에 관하여 충분히 설명할 의무가 있으며, 투자자는 투자에 앞서 그러한 설명을 충분히 들으시기 바랍니다.
※ 해외주식의 경우 환율변동에 따라 손실이 발생할 수 있습니다. ※ 한국금융투자협회 심사필 제15-06700호 (2015-10-15 ~ 2016-10-14)